MICHEL BRÛLÉ

C.P. 60149, succ. Saint-Denis,
Montréal (Québec) H2J 4E1
Téléphone: 514 680-8905
Télécopieur: 514 680-8906
www.michelbrule.com

Maquette de la couverture et mise en pages:
Jimmy Gagné, Studio C1C4
Photo de la couverture: Mathieu Lacasse
Révision: Élyse-Andrée Héroux, Sylvie Martin
Correction: Élaine Parisien
Crédits photographiques: Maxime Côté, Daniel Kieffer, Ronald Labelle
et Jean-Guy Moreau.

Distribution: Prologue
1650, boul. Lionel-Bertrand
Boisbriand, Québec J7H 1N7
Téléphone: 450 434-0306 / 1 800 363-2864
Télécopieur: 450 434-2627 / 1 800 361-8088

Distribution en Europe: D.N.M. (Distribution du Nouveau Monde)
30, rue Gay-Lussac
75005 Paris, France
Téléphone: 01 43 54 50 24
Télécopieur: 01 43 54 39 15
www.librairieduquebec.fr

Les éditions Michel Brûlé bénéficient du soutien financier du gouvernement
du Québec — Programme de crédit d'impôt pour l'édition de livres — Gestion SODEC et sont inscrites au Programme de subvention globale du Conseil
des Arts du Canada. Nous reconnaissons l'aide financière du gouvernement du
Canada par l'entremise du Fonds du livre du Canada (FLC) pour des activités de
développement de notre entreprise.

Société
de développement
des entreprises
culturelles

Québec

Conseil des Arts
du Canada

Canada Council
for the Arts

Bibliothèque et Archives nationales du Québec
Bibliothèque nationale du Canada
ISBN: 978-2-89485-502-7

Jean-Guy Moreau
50 ans, 1 000 visages

Sophie Moreau

JEAN-GUY
50 ans, 1 000 visages
MOREAU

MICHEL BRÛLÉ

Aux deux hommes de ma vie :
mon père Jean-Guy,
pour son amour inconditionnel et sa générosité,
et mon amoureux Ghislain,
pour son soutien éternel et sa foi en nous.

PRÉFACE

Quand, il y a un an, ma fille Sophie m'a proposé de rédiger ma biographie pour souligner mes 50 ans de carrière, je me suis dit d'emblée que ce projet pourrait nous rapprocher, elle et moi. En fouillant dans ma vie, elle découvrirait plusieurs choses et événements qui risquaient d'une part de la choquer, mais d'autre part, et j'en étais persuadé, qui lui permettraient de me connaître plus profondément. J'ai accepté sur-le-champ.

Je lui ai donné carte blanche et lui ai ouvert tous les chapitres de ma vie. La confiance était au rendez-vous. Je ne lui ai demandé qu'une chose : faire la distinction entre ma vie privée et ma carrière. Je n'ai jamais vraiment pu mélanger les deux. Certes, il est parfois arrivé que l'une entre en conflit avec l'autre, pour enfin se fusionner à l'été 2007, pour mon plus grand plaisir. Sophie vous en parlera. Du moins, je l'imagine ! Car, tout comme vous, je n'ai encore rien lu. Je préférais avoir la surprise tout d'un coup. Malgré toutes mes interrogations, je dois dire qu'au départ de cette belle aventure j'ai choisi de faire abstraction du fait que c'était ma fille qui signait ma biographie.

Ma carrière d'artiste de la scène a débuté dès l'âge de 17 ans, sans que je le sache. C'est ce que j'appelle un bel accident ! Durant toutes ces années, je n'ai jamais eu aucun plan de carrière. J'ai pratiqué ce métier d'amuseur avec beaucoup de plaisir, et ce, à chaque nouvelle imitation, à chaque nouveau spectacle ; c'est un métier que j'ai appris à exercer et à aimer au fil des ans.

Tout au long de ma vie, ce sont les autres autour de moi qui m'ont révélé tout ce que je devais savoir. Sans jamais leur demander la permission, en les observant, je me suis inspiré largement et consciemment de leurs qualités comme de leurs défauts.

Il est également vrai de dire que c'est le public, ainsi que tous ceux que j'aime, qui m'ont confirmé, en fin de compte, que j'avais eu raison d'épier leur âme.

Merci affectueusement, Sophie, de leur faire savoir qui je suis véritablement derrière tous mes personnages.

Bonne lecture !

Jean-Guy Moreau

© **Birgit**

AVANT-PROPOS

Pour la première fois, à l'été 1981, mon père nous emmène, ma grande sœur et moi, en vacances. Depuis la séparation de nos parents, quelques années plus tôt, jamais nous n'étions allées en vacances seules avec notre père. C'est un grand moment! Cinq semaines avec lui, aux Îles-de-la-Madeleine. Nous nous installons sur un site de l'île du Havre-Aubert, dans notre autocaravane.

J'ai 8 ans, tout juste. Ma sœur Véronique, 9 ans et demi. Mon père, 38 ans. Sa carrière va très, très bien. Tout le monde le connaît, aux Îles comme ailleurs au Québec. Il n'en est pas à sa première visite ici.

Du haut de mes 8 ans, je suis tout ce qu'il y a de plus *tomboy,* n'ayant pas encore apprivoisé ma féminité. Je me promène sur le terrain de camping, qui est rempli de touristes. Je pédale tranquillement sur ma bicyclette tout en regardant les gens. Un jeune garçon s'approche de moi, il doit entamer son adolescence. Il me pose une question qui restera à jamais gravée dans ma mémoire: «C'est toi, le fils de Jean-Guy Moreau?» Je suis si insultée! «Son fils?! NON, je suis sa FILLE!» Et je repars, en colère, sur mon petit vélo bleu. Mais je me souviens très bien de son expression faciale, lorsqu'il s'est rendu compte de son erreur!

Un commentaire entendu si souvent: «Tu ressembles tellement à ton père!» Apparemment, en effet, je ressemble à Jean-Guy. J'ai hérité de ses yeux bleus, de sa fossette dans le menton — qui, chez moi, est devenue un réel cratère ! — et de son front haut. Si ma sœur est la copie conforme de notre mère, je suis celle de notre père. Je peux donc imaginer à quel point, enfant et garçon manqué, je pouvais passer pour un garçon… Ce qui n'est pas toujours évident pour une fillette ! Je crois que c'est à partir de ce moment-là que j'ai laissé pousser mes cheveux…

Je comprends désormais la fascination des gens pour la vie privée des artistes, des vedettes. Je sais par expérience que les gens veulent savoir comment ça se passe dans la maison d'une personnalité publique. Mon père a toujours pris le temps de signer des autographes, de donner des poignées de main dans la rue, de saluer de la tête la personne qui lui souriait béatement. Quand j'étais avec lui, petite, j'étais fière, mais en même temps frustrée ; je ne le voyais pas souvent, et je trouvais que son temps aurait dû m'être consacré plutôt qu'à des inconnus. Cependant, j'ai compris assez rapidement que ça fait partie de la *game*.

Qu'est-ce que le quotidien avec Jean-Guy Moreau ? Voici un exemple parmi tant d'autres : Adolescente, je suis chez lui, alors qu'il est en train de se raser dans la salle de bain, en robe de chambre. La porte est ouverte. Je passe dans le corridor et je l'entends chanter : « Donne-moi ta bouche, voyons n'aie pas peur, crois-moi… » Rien d'anormal, me direz-vous, mais il chante EN Pierre Lalonde ! J'ai donc l'image de mon père dans mon champ de vision, mais j'entends la voix de Pierre Lalonde. Je crois que, parmi toutes ses imitations, c'est une de celles que je préfère. Dès qu'il fredonne en Lalonde, je souris. Je trouve sa caricature si près de la réalité ! Et, avouons-le, Pierre Lalonde est un personnage haut en couleur !

Un autre incontournable : À table, si on mange du veau, ou même si on mentionne le mot « veau », Jean-Guy

prend la voix de Darry Cowl pour dire, à tout coup : «Le…
le veau… le veau, c'est… c'est bon, mais… mais… mais
c'est têtu.» Nous avons dû entendre cette imitation des
milliers de fois, mon frère, ma sœur et moi, mais, personnellement, je ne m'en lasse pas. En fait, il se passe très
rarement un repas ou une conversation avec Jean-Guy
sans qu'il utilise la voix d'un autre.

Mon père célébrera à l'automne 2011 ses 50 ans
de carrière. Cinquante années à faire des imitations, des
animations, des voix, des chansons, des parodies, des
pastiches, de la télé, de la radio, du cinéma, de la scène,
des dessins, à jouer de la guitare. Il aura alors 67 ans. Ne
mérite-t-il pas qu'on écrive sa biographie, lui qui a traversé
les magnifiques années 1960 où tout était possible, où tout
a été fait, pour avancer durant les décennies suivantes,
presque sans faillir ? ! Mon père est trop inconscient de
son propre statut pour écrire une autobiographie. Il ne
réalise pas l'impact qu'il a eu sur le paysage artistique
québécois. Il ne comprend pas son importance. D'ailleurs,
je dois reconnaître que, moi non plus, au premier abord,
je n'y avais pas pensé. Il a fallu que mon amoureux in-
siste pendant plusieurs mois avant que je cède. L'idée de
raconter la vie de mon père ne vient donc pas de moi.
Mais après avoir accepté le fait que je serai éternellement
liée professionnellement à mon père en écrivant ce livre,
j'ai trouvé que le projet valait la peine d'être réalisé. Parce
que mon père le mérite.

J'ai donc eu envie de vous raconter sa vie, personnelle et professionnelle. Jean-Guy a humblement accepté
de me confier ses aventures. J'ose espérer écrire le plus
honnêtement possible, le plus simplement possible, pour
partager avec vous les grands moments de la vie d'un
imitateur qui a influencé tous ceux qui l'ont suivi. Mais
aussi pour vous raconter sa vie à travers mes propres yeux,

les yeux de « la fille de ». Je ne me prétends ni journaliste ni historienne. Je ne prétends être personne d'autre que sa fille. La fille du grand imitateur qu'est mon père.

Pour les besoins de ce livre, j'ai passé de nombreux après-midi chez mon père, à le faire parler — ce qui n'est pas très difficile en soi ! J'y ai pris un plaisir fou ! Même si mon père ne m'avait jamais rien caché de sa vie, il n'a jamais été des plus loquaces au sujet de son enfance, du début de sa carrière, de sa vie avec ma mère, etc. J'ai donc appris énormément sur mon paternel. Nous avons passé des heures ensemble, seul à seule, dans son salon, avec ma petite enregistreuse sur la table. J'ai toujours connu les grandes lignes de sa vie, mais me voilà désormais au fait des petites lignes aussi !

Parce que la vie n'a rien de linéaire, et celle de mon père, encore moins, cette biographie en est le témoin. Tout n'y est pas dit. Ce récit n'est pas un curriculum vitæ exhaustif de ses réalisations professionnelles. Cinquante ans de carrière en un livre… Impossible de tout dire, de tout nommer, de tout spécifier. J'ai sélectionné ce que je croyais être le plus pertinent, le plus intéressant pour le public, qui m'a toujours parlé de mon père avec beaucoup de respect et d'admiration. J'ai rencontré plusieurs personnes ayant côtoyé mon père de façon professionnelle et personnelle. Bien entendu, j'aurais pu rencontrer encore plus de gens, j'aurais pu passer une autre année à faire des entrevues avec des artistes et artisans. Mais je m'en suis tenue à l'essentiel, l'essentiel à mes yeux et non aux yeux de Jean-Guy. Dernièrement, inquiet de ne rien avoir de « juteux » à révéler à son public, mon père a émis quelques doutes quant à cette biographie. « Je n'ai pas eu d'aventures avec Hillary Clinton ! » a-t-il pris la peine de préciser. Je soupçonne que, malgré le fait qu'il n'ait jamais fréquenté la secrétaire d'État des États-Unis, vous y trouviez tout de même un intérêt !

Au cours de mes entrevues avec mon père et avec certaines personnes de son entourage, j'ai réalisé que ce travail que j'effectuais devrait être accompli par chaque enfant, que son parent soit artiste ou non. On ignore beaucoup de choses sur nos parents, on les connaît en tant que parents, mais pas en tant que personnes, pas comme des êtres uniques ayant eu une vie avant et après nous, leur progéniture. Je souhaite à chaque enfant de pouvoir apprendre à découvrir ses parents comme j'ai pu approfondir mes propres connaissances sur mon père et sur ma famille.

Jean-Guy et Sophie, Lac des Castors, 2000 © Maxime Côté

L'ENFANCE DE JEAN-GUY

Jean-Guy est né le 29 octobre 1943, dans le quartier Ahuntsic de Montréal. Camilien Houde est alors maire de Montréal, Adélard Godbout est premier ministre du Québec et Mackenzie King est à la tête du gouvernement du Canada. La Seconde Guerre mondiale bat son plein en Europe, et l'Armée canadienne fait partie du débarquement en Sicile, en juillet 1943. Chez nous, l'Université de Montréal est inaugurée sur le mont Royal. La même année naissent Louise Forestier, Sylvain Lelièvre, François Dompierre, France Castel et André Arthur, entre autres.

Le père de Jean-Guy, Henry-James Moreau, est fils de mère irlandaise et de père québécois, d'où le prénom anglophone. Sa femme, Yvette Viau, est une « pure laine ». Jean-Guy devient orphelin de père à 21 ans, alors que sa carrière commence tout juste à fleurir.

Faire parler Jean-Guy de son père n'est pas aisé. Il n'a jamais été très bavard à ce sujet, mais il a néanmoins révélé que c'était un homme sévère mais qui savait aussi faire le boute-en-train dans les fêtes familiales. Jean-Guy reconnaît que son talent d'imitateur lui vient de Henry-James. Ce dernier, issu de la classe moyenne catholique québécoise, était télégraphe à la Canadian Pacific, comme son propre père. Il était aussi représentant pour la CTU, le syndicat de la compagnie, durant les vingt dernières années de sa vie. Son imitation fétiche était celle du maire Camilien Houde. Il y a de quoi sourire, quand on sait que celle de Jean-Guy est le maire Jean Drapeau ! Henry-James imitait aussi Hitler, Mussolini (replaçons-nous dans le contexte de l'époque), Al Johnson (avec du cirage à chaussures sur le visage !), Tony Bennett et quelques autres.

Henry-James, Yvette et Jean-Guy Moreau

Tous les hommes chez les Moreau semblent avoir hérité de ce talent d'imitation qui viendrait même du grand-père de Jean-Guy…

Un événement qui peut aider à définir Jean-Guy, l'homme et non l'imitateur (quoique…), est le fait que ses parents ont perdu leur premier fils, Jacques, mort dans son berceau à l'âge de trois mois. Grande tristesse, comme on peut l'imaginer. Ainsi, lorsque Jean-Guy naît, ils sont heureux mais nerveux, et ils le couvent tel un enfant roi. Pendant les cinq premières années de sa vie, Jean-Guy est considéré comme un dieu par ses parents. Puis, son frère Yves arrive, et alors, Henry-James et Yvette comprennent qu'ils n'ont pas à s'inquiéter maladivement pour leurs enfants ni à les couver autant. Jean-Guy perd alors son statut royal. Son père, particulièrement, semble dès lors emprunter un tout autre chemin avec son fils aîné. Les punitions corporelles font leur entrée (nous sommes en 1948, après tout…), un nouveau régime est bel et bien instauré. Ce changement drastique marque Jean-Guy, qui en parle aujourd'hui lucidement. « Encore un enfant roi qui cherche son trône », dit-il en parlant de son propre rapport avec la scène. Les deux frères ne sont pas très proches pendant leur enfance et leur adolescence. Ils ne font principalement que se croiser. Quand Jean-Guy quitte les enfants de chœur, Yves y entre. *Idem* pour les scouts et les louveteaux. Car quand Jean-Guy a 15 ans, Yves n'en a que 10. C'est une différence énorme, à cet âge. Il leur faudra être tous deux devenus adultes pour se rapprocher. Jean-Guy éprouve un respect et une admiration sans bornes pour son frérot, et c'est grandement réciproque.

Jean-Guy appelle son père « le Colonel ». Car s'il fait rire les gens de son entourage, sa famille élargie et ses collègues, il n'est pas toujours drôle à la maison. Il est contrôlant sur tout. Jean-Guy a souvent raconté que, durant son enfance et sa jeunesse, c'est Henry-James qui choisissait les robes d'Yvette, de même que le tissu des rideaux de cuisine ! C'est une autre époque, et avoir un enfant artiste, un enfant tel que Jean-Guy, créatif et peu enclin à suivre les règles, doit tourmenter Henry-James et lui donner des maux de tête. Jean-Guy parle encore de son enfance avec beaucoup de dureté. On sent, au ton qu'il emploie pour évoquer ces souvenirs, qu'il s'est senti brimé la plupart du temps.

Henry-James, de peur que son fils aîné ne subisse de mauvaises influences et ne devienne un *bum* (ce qui semblait représenter la pire des éventualités pour lui), l'inscrit dans mille et une activités « régimentées » qui ne sont pas toutes pour plaire à Jean-Guy. Il est enfant de chœur pendant cinq ans, de 8 à 12 ans. Puis, louveteau et scout pendant cinq autres années, et finalement, il devient cadet de l'air à l'âge de 15 ans.

Yvette, quant à elle, est une femme douce, effacée, soumise à son mari, aimante avec ses fils. Elle accepterait n'importe quoi de leur part. Elle semble plus confiante que son mari quant au destin de sa progéniture. « C'était une femme qui n'aimait pas les chicanes. Elle aimait les parties de cartes entre amis, faire des tours de char, elle était gentille, fine. Alors, elle était confortable dans son union avec mon père qui décidait de tout. Mon père avait pris en charge la maison et la vie de tout le monde. C'était un contrôleur… Mais ça n'enlève pas l'affection que j'avais pour mon père. »

Henry-James est le centre de la famille, et les réunions familiales ont lieu pour la plupart rue Berri, à Ahuntsic, dans la maison Moreau. Il parle l'anglais, sa langue maternelle, et le français avec ses fils pour qu'ils soient rapidement bilingues. La semaine, il lit les journaux anglophones, le *Montreal Star* et *The Gazette* ; la fin de semaine, c'est au tour de *La Patrie, Dimanche-Matin, La Presse*. En 1954 — Jean-Guy a alors 11 ans —, Henry-James achète une télévision. Elle coûte 500 $, une fortune à l'époque ! Mais il a économisé longuement et, enfin, toute la famille en profite. CBC et Radio-Canada sont syntonisées, et tant que ses enfants ne maîtrisent pas encore l'anglais, il leur traduit toutes les émissions diffusées. Jean-Guy est parfaitement bilingue à l'âge de 14 ans.

La religion est présente, comme dans toutes les chaumières à l'époque. Les Moreau sont catholiques, vont à la messe le dimanche. Mais ils ne sont pas fanatiques. « Chez nous, c'était catholique, mais pas catholique à outrance. On ne remettait pas en question l'idée d'aller à la messe. On allait à la messe et à tout ce qu'il fallait pour être vus comme catholiques. Mais il n'y avait pas de ferveur.» Dans les années 1950, à l'initiative du cardinal Léger, le chapelet est diffusé à la radio tous les jours, à 19 h. Pendant quelques semaines, la famille écoute donc, à genoux dans le salon. Mais cette habitude ne dure pas chez les Moreau. Par contre, Jean-Guy est obligatoirement enfant de chœur à l'église de leur paroisse pendant cinq ans. Il sert la messe la semaine, participe aux mariages et aux enterrements les fins de semaine, aux messes dominicales, aux retraites fermées, tout le tralala. «Ça faisait partie de l'obligation. Mon père s'assurait que j'appartienne à toutes sortes d'affaires, pour ne pas finir bandit à l'école de réforme. J'étais dissipé, c'est sûr. Aussitôt que j'avais l'occasion de contester, d'être délinquant, j'en profitais. Face à mon père, face à l'école et face à la religion. Face à tout ce qui était structuré, obligatoire, organisé. L'enrégimentation, pas pour moi!» Jean-Guy trouve les activités organisées trop limitatives. Il ne faut pas que celles-ci empiètent sur sa liberté. Et il est encore comme ça à 67 ans : «La seule obligation à laquelle je m'astreins, c'est les *shows* qui commencent à 20 h. Je suis prêt dans l'après-midi.»

En 1964, Henry-James meurt, à 54 ans, d'une crise cardiaque attribuable à une hypercholestérolémie familiale (non diagnostiquée à l'époque), alors que son fils aîné n'a que 21 ans. Yvette vit plus longtemps, jusqu'en 1973, un peu avant le 30ᵉ anniversaire de son fils aîné. Jean-Guy est encore ému lorsqu'il raconte la fin de la vie de sa mère. Il la revoit à l'hôpital, juste avant sa mort causée par une insuffisance rénale. Son cœur est fatigué. Elle a 60 ans. Neuf années se sont écoulées entre la mort de son époux et la sienne. «Elle était beaucoup plus présente, elle choisissait ses robes. Elle avait beaucoup plus de goût que mon père!»

Pour citer Robert Charlebois, qui a aussi connu Yvette, elle était une mère typiquement canadienne-française de l'époque. « La mère de Jean-Guy, c'était une moman, tout était nickel dans la maison, ménagère à plein temps. Ton grand-père était plutôt bureaucrate », a-t-il confié. Le frère de Jean-Guy assure de son côté qu'Yvette était très fière de Jean-Guy, de ce qu'il devenait.

Yves nuance toutefois la vision de son frère sur leur père : « Foncièrement, je ne suis pas sûr que mon père était totalement contre [notre vie d'artistes]. On peut pas nier que mon père était une grande influence. Il était le boute-en-train des partys, l'imitateur. Il était vraiment bon là-dedans. C'est pas un hasard si Jean-Guy est devenu un imitateur. Moi aussi, j'en ai fait, des imitations, à l'école. Henry-James avait ses *jokes,* il aimait toujours raconter des *jokes* au souper. Il riait de ses propres blagues. Il voulait se donner une image autoritaire, probablement comme son père avant lui, mais foncièrement, c'était un bouffon. Il a réalisé que Jean-Guy continuait la tradition, sur une plus grande échelle.»

L'ÉCOLE

Jean-Guy n'a jamais aimé l'école. Il se dit lui-même paresseux. C'est-à-dire que sa paresse survient principalement pour les choses qu'il « faut » faire, les choses imposées. Enfant, l'école lui rappelle trop la discipline qu'il subit à la maison. Il s'en tire donc grâce à l'humour et aux activités parascolaires. Mais aussi, grâce à son père, qu'il pastiche. « C'est un gars qui pouvait être drôle, qui était artiste à ses heures, bon imitateur. Il m'a donné le goût de faire des imitations parce que je l'ai regardé faire. Il faisait rire le monde. *I picked it up from there*, c'est tout ! T'es le fils de Wayne Gretzky, tu patines ! »

Déjà, à l'âge de 8 ans, dans la cour d'école, il imite tous les professeurs, à la grande joie des autres élèves. D'ailleurs, en 1951, Jean-Guy est recruté par son école primaire, Saint-Nicolas, pour interpréter *Moi, mes souliers* de Félix Leclerc au spectacle de l'école pour la fête des Mères. Il y fait donc sa première imitation devant un vrai public. Henry-James possède tous les disques de Félix, et Jean-Guy connaît déjà ses chansons par cœur. Il l'imite à l'âge de 8 ans et encore à ce jour, près de soixante ans plus tard. Hier comme aujourd'hui, tout le monde reconnaît cette voix, cette manière unique de gratter la guitare, et ces chansons inspirantes. Étant aussi très talentueux en dessin, c'est Jean-Guy qui réalise les affiches pour les fêtes de Noël, de Pâques, et pour d'autres événements. Mais les travaux scolaires ne sont pas son fort, et il redouble sa dixième année. Pour faire passer le morceau à son père, il lui propose d'aller faire son *high school*. Henry-James apprécie cette idée et avale la pilule plus facilement en inscrivant son fils à la polyvalente Saint-Pie-X (qu'ils appellent St Pius the 10th), rue Papineau, dans Ahuntsic. Cette école compte huit cents élèves garçons et huit cents élèves filles. Les deux camps sont à un bout et à l'autre de l'école, et aucun élève n'a le droit de franchir les lignes. Aucun, sauf Jean-Guy. Il fonde le Poster Club et se proclame photographe officiel de l'école pour le journal et pour toutes les activités parascolaires, tout en étant éditorialiste et journaliste dudit journal, *The Sartorian*. Il lui est donc possible, voire primordial, de se rendre dans l'aile «féminine» de l'école, afin de récolter des photos des activités et des accomplissements des filles. Pour citer son petit frère, «Jean-Guy s'était trouvé tous les moyens possibles pour moins travailler à l'école!»

Évidemment, pour aller voir des filles, Jean-Guy trouve toujours une solution!

L'ADOLESCENCE

La musique a toujours été présente dans la vie de Jean-Guy. Il installe lui-même, dans sa chambre d'adolescent, un studio de radio. Murs et plafond de liège, magnéto-phone à bobines, disques, tourne-disque, filets de pêche, bouteilles de vin Chianti avec des bougies fichées dans le goulot. Son frère Yves décrit le capharnaüm qui régnait dans cette pièce. « Notre père trouvait ça affreux, les murs étaient noirs, les portes étaient roses ! raconte Yves. Il s'était fait un coin pour lui et ses chums. On les entendait chanter, gratter la guitare. » Ce n'est pas sans me faire sourire, car cela explique le laisser-aller de Jean-Guy avec ma sœur et moi lorsque nous étions, à notre tour, adolescentes et que nos chambres étaient bordéliques !

Jean-Guy enregistre de fausses émissions de radio, faisant jouer ses disques préférés. Les années 1950, aux États-Unis, sont les années de Elvis, Ray Charles, The Everly Brothers, Jerry Lee Lewis, Buddy Holly. Jean-Guy, comme tout adolescent qui se respecte, les écoute ! Mais rapidement, la transition se fait, comme un peu partout au Québec, pour passer aux auteurs-compositeurs franco-phones, Brel, Brassens, etc. Bien entendu, Félix Leclerc fait déjà partie du quotidien de Jean-Guy.

En 1956, à l'âge de 13 ans, il rencontre Jean-Guy Chapados (devenu par la suite contrebassiste avec Les Baronnets), et ensemble ils imitent Buddy Holly, The Everly

Brothers, The Crickets, etc. À cette époque, l'émission de radio *Billy Munro's Talents Parade* est diffusée à CKVL tous les dimanches midi et est enregistrée au cinéma Château, rue Saint-Denis au coin de Bélanger, et présente au public des numéros amateurs. Les deux Jean-Guy se présentent avec leur imitation des Everly Brothers, et gagnent !! Tout de suite après l'enregistrement, Billy Munro leur propose de se joindre à lui au Rockliffe dans Ahuntsic, le soir même, pour faire deux ou trois chansons en sa compagnie. Jean-Guy, qui avait caché à son père son escapade au Château, est obligé de lui dire qu'il va donner un spectacle à quelques coins de rue de la maison. Henry-James voit alors son Jean-Guy jouer dans un club où l'on sert de l'alcool, alors qu'il est à des années de pouvoir en consommer ! Il s'imagine le pire : son fils est devenu un *bum* ! Les Jean-Guy font leur numéro, deux ou trois chansons encore, et c'est un succès. « J'ai 13 ans et je chante avec un vrai micro et de vrais musiciens ! Papa est dans la salle et il doit être content tout de même, mais il me dit : "Y est pas question que tu arrêtes l'école. C'est pas ta vie, c'est pas sérieux, fais-toi pas d'idée, c'est pas là, l'avenir." » Il était loin de s'imaginer que, justement, l'avenir de son fils était précisément à cet endroit !

Les deux adolescents sont invités à l'émission radiophonique de Jacques Normand et Roger Baulu dès le lendemain ! Bien qu'Henry-James soit en total désaccord, car il pense que son fils quittera l'école pour faire du *show-business,* Jean-Guy fait l'émission et en tire un plaisir fou. Qui peut se vanter d'avoir participé à l'émission d'un des plus grands animateurs de son époque à l'âge de 13 ans ?! Jean-Guy n'a pas de souvenirs concrets de sa première rencontre avec monsieur Normand, ce jour-là. Il était adolescent, l'excitation de faire une émission de radio supplantait le fait qu'il était devant le grand Jacques Normand. Jean-Guy était encore loin de savoir qu'il l'imiterait plus tard et qu'il aurait même l'occasion de discuter avec lui !

Il ne pouvait pas non plus se douter qu'il ferait connaissance avec un adolescent qui changerait le cours de sa jeune vie. Jean-Guy, à 13 ans, s'intéresse déjà beaucoup aux filles. Il accompagne un soir sa blonde du moment, alors qu'elle fait du gardiennage dans le quartier. Malgré le couvre-feu de 22 h imposé par mon grand-père, Jean-Guy, trop occupé à faire du *necking* avec sa blonde, rentre bien après l'heure convenue. Henry-James n'est pas content ! Jean-Guy invente alors un mensonge : il lui dit qu'il était avec Jacques Mongeau. Jacques est son ami d'enfance, ami du quartier, avec qui il a fait les quatre cents coups. Henry-James est satisfait, car il apprécie la famille Mongeau, les parents se croisant toujours à l'église le dimanche. Jean-Guy n'a pas vu son copain Jacques depuis quelque temps, leurs routes s'étant séparées comme c'est souvent le cas lors du passage de l'enfance à l'adolescence. Il s'empresse, le lendemain, de l'appeler pour lui faire part de son implication dans cette histoire et lui demander de le couvrir. Jacques en profite pour renouer avec son vieux chum Jean-Guy et l'invite à se joindre à lui pour rendre visite à un ami et écouter de la musique. Jean-Guy l'accompagne et rencontre alors celui qui, certainement, influencera le plus le cours de sa future carrière. « Je me souvenais d'une tête frisée dans Ahuntsic », raconte Jean-Guy, qui ne s'était jamais lié d'amitié avec ce garçon d'un an son cadet.

Robert se souvient quant à lui de Jean-Guy avant ce moment. Lors de leurs études primaires, à la petite école Saint-Nicolas, il revoit un jeune enfant plein de charisme, de leadership et d'humour. « Il avait des yeux et un charisme extraordinaires. Dans la cour d'école, s'il y avait une gang, tu ne te demandais pas ce qui se passait : il y avait Jean-Guy au centre. Il était toujours en train d'imiter un professeur. Il était déjà une attraction à l'âge de 9, 10 ans.»

Après la petite école, Robert part étudier à Rigaud et y devient pensionnaire. Il ne retrouvera Jean-Guy que par l'entremise de Jacques Mongeau. À Rigaud, Robert apprend le piano, mais c'est Jacques qui lui montre à jouer de la guitare. Jean-Guy confie que Jacques était quelqu'un qui avait aussi beaucoup de talent artistique. «Un gars très drôle! Il écrivait des choses absurdes. Il avait fait l'histoire du Canada, mais en absurde. Genre: 1534, Samuel de Champlain découvre le pont Jacques-Cartier!»

Après leurs retrouvailles, ils fondent un *band* de musique. Jean-Guy chante, Robert est au piano et Jacques, à la guitare. Leur première chanson *cover*: *Kansas City*. «Jean-Guy avait une oreille en acier», raconte Robert. La chanson qui les a d'abord unis pave la route pour d'autres *covers*. Les accords de *Kansas City* sont plutôt basiques, il n'y en a que trois. Cela donne une certaine prétention aux garçons qui pensent, avec ces trois accords, qu'aucune partition musicale ne sera à leur épreuve! Elvis, Jerry Lee Lewis, plusieurs maîtres du rock américain y passent. Ils décident de nommer leur groupe les Bo Diddley's, en hommage au chanteur du même nom des années 1950, qui a révolutionné la musique en la faisant passer du rythm'n blues vers le rock que l'on a connu ces années-là. Jean-Guy raconte: «On écoutait ça. Ça swingnait. On se mettait beaux et on allait danser. On savait pas draguer mais au moins on allait danser. Robert dansait bien mieux que moi parce qu'il est quelqu'un de plus extraverti. Il m'a aidé à m'émanciper, à me développer.»

Un ami voisin de Robert, Michel Migneault, propose de devenir leur agent et leur décroche un premier contrat pour une danse à L'Île-Perrot. «On n'était pas bons! On essayait de gagner du temps pour pas jouer!» raconte

Robert. Le *band* ne connaît alors que quatre chansons. La soirée a dû être longue ! Les répétitions se font toujours chez les Charlebois. « Le centre, c'était chez nous parce qu'on avait une grande maison et un garage où y avait de l'écho pour pratiquer… Ta voix, tu la trouves belle. Quand on faisait nos harmonies dans le garage avec l'écho, on se prenait vraiment pour des pros ! Et on avait une pièce à nous dans la maison, où on pouvait barrer la porte ! Et on pouvait peindre sur les murs. »

Robert et Jean-Guy se voient six jours sur sept, jouent beaucoup de musique, avec leur copain Jacques. Robert trouve Jean-Guy très drôle ! Et celui-ci est fasciné par l'énergie de Robert. Il ne cesse d'être impressionné par son grand chum : « C'était un Don Quichotte, quelque part. Il a une façon de voir la vie qui lui sied toujours, au bout de soixante ans. Il est encore pareil. Tout est possible. »

Dans les années 1950, Ahuntsic est un quartier sage, *straight* même, pour citer Jean-Guy. Il préfère se rendre à Pont-Viau, à quelques minutes de chez lui. « Plus l'fun, plus jeune, à Pont-Viau. Tu dansais, *plain toasté*, c'était plus libre. Une société qui ressemblait à celle d'aujourd'hui. Des vacances, pour moi ! » Dès l'âge de 16 ans, en 1959, sur leurs scooters, les trois inséparables quittent Ahuntsic et sortent de la ville. Sorel est une autre grande destination. Oui, Sorel ! Ou alors ils se rendent à La Boulé, à Mont-Tremblant (d'où le titre d'une des premières chansons de Charlebois), ou vont faire du camping dans le Nord. « Avec Jacques, tout était possible ! » Ils font tout ce qu'ils veulent. Ils squattent des chalets abandonnés, près de Saint-Sauveur. Ce ne sont que de bons souvenirs pour Jean-Guy. « Tout ce qu'on a eu le goût de faire, on l'a fait ! Tout. C'était merveilleux. »

Pour Robert aussi, se souvenir du bon vieux temps est agréable. Il a le sourire aux lèvres alors qu'il raconte d'autres moments passés avec son copain Jean-Guy.

« J'avais un autre ami, Mario Bachand, qui voulait nous embarquer dans le Parti communiste et le FLQ. Il est mort assassiné [en 1971]. Il venait dans la cave, il parlait de cubisme, de Picasso, du communisme. Il nous avait emmenés à des réunions du Parti communiste au Rialto. Il fallait faire le ménage, et ranger les chaises au deuxième étage après la réunion… Quand on est sortis de là, Jean-Guy et moi, on s'est dit que c'était pas pour nous, le communisme! C'était beau sur papier, mais quand tu viens pour le faire… On s'est dit qu'on n'y retournerait pas le dimanche suivant!»

Les années 1960 amènent avec elles la chanson française. Béart, Bécaud, Brel, Ferré, Aznavour, Nougaro, Barbara… Le rock and roll est mis de côté par les garçons. Robert en dit: «Là, on était existentialistes! On se peignait par en avant, on lisait Jean-Paul Sartre, on était branchés européen, la pipe, les épaules rondes, les imperméables à mi-genoux, vraiment intellos. On discutait ferme, on parlait de peinture.»

Jean-Guy et Robert semblent attirés par tout ce qui touche à l'art. Robert admire son ami pour ses multiples talents, dont celui de dessinateur. «Jean-Guy m'initiait à Modigliani et à Van Gogh. Il faisait des faux Modigliani et des faux Van Gogh. Et je me disais que Jean-Guy devait aller là-dedans! Il était curieux de tout, tout, tout. Il lisait le marquis de Sade à 14, 15 ans! Il nous lisait des pages de Sade, à Jacques et moi. On comprenait rien!»

Délaissant rapidement ces lectures qui leur étaient, à ce moment, quelque peu inaccessibles, les inséparables n'oublient par ailleurs jamais la musique, qui est intrinsèque à leur vie quotidienne. La musique française écoutée par les amis ne les empêche pas de découvrir ce que les

Canadiens français font de leur côté. La musique québécoise naît tranquillement et Jean-Guy et Robert explorent ensemble les boîtes à chansons, qui voient le jour à cette époque et poussent comme des champignons. Ils rencontrent, à force de traîner dans les boîtes, Pierre Calvé, Pierre Létourneau, Claude Gauthier, légèrement plus âgés que nos deux grands ados.

Moreau a beau côtoyer ces jeunes artistes et commencer à rêver son futur, il n'en a pas encore fini avec son éducation. Lorsque Jean-Guy termine le *high school,* les résultats académiques ne sont pas au rendez-vous. Les professeurs convoquent Henry-James pour s'entretenir avec lui au sujet des perspectives d'avenir de son aîné. Ils lui expliquent que Jean-Guy est un cas dans l'école. « *Quite a case!* » disent-ils. Car s'il est proactif et productif dans toutes les sphères parascolaires (journalisme, photographie, édition du journal de l'école, caricatures...), il n'est pas fait pour les grandes études. La meilleure place pour lui, en fait la seule, à leur avis, est les Beaux-Arts. Grande déception pour Henry-James, qui entrevoit le pire pour son fils. Nous sommes alors en 1960, les beatniks sont là pour rester quelque temps, et Henry-James ne peut s'imaginer son fils de 17 ans dans une école où les filles et les garçons étudient ensemble, pour faire de l'art. Il va mal finir, c'est certain, pense-t-il. Mais il doit se résigner : aucune autre avenue digne de ce nom ne s'ouvre à Jean-Guy, s'il en croit le corps professoral de St Pius the 10ᵗʰ.

Jean-Guy entre donc, heureux, à l'École des beaux-arts en 1960. Il a 17 ans et il est ravi. Enfin, un peu de liberté ! Et non seulement Jean-Guy étudie l'art avec des filles, mais le professeur ne prend pas les présences ! « Je sortais de l'enfer pour arriver au paradis. » Bien que les cours soient intéressants (modèles nus, glaise, sculpture), Jean-Guy ne peut nier qu'il passe alors plus de temps à jouer de la guitare dans les escaliers qu'à suivre ses cours d'art. Là aussi, même s'il apprécie davantage les matières enseignées, il préfère encore les activités parascolaires. Il participe au Centre d'essai de l'École, qui propose deux spectacles par mois, conçus par les étudiants.

Après une année, il passe aux arts appliqués, où il apprend le métier de céramiste. Bien entendu, Jean-Guy est élu président de sa classe et conclut une entente avec le magazine *TV Hebdo* qui lui demande de réaliser les cadeaux de Noël offerts à leurs employés. Les étudiants des arts appliqués doivent alors livrer 800 tasses et *bocks* portant le logo de *TV Hebdo*. C'est un gros contrat, ils sont payés 2 $ la pièce. Ne pouvant produire le tout sur place, Jean-Guy prend contact avec Maurice Achard, un tourneur de céramique extraordinaire, qui accepte que les objets soient fabriqués dans sa résidence de North Hatley. Le projet est livré dans les temps et une amitié naît entre les deux hommes.

Maurice Achard ouvre son propre atelier à Val-David, et Jean-Guy décide de le suivre et de travailler en sa compagnie. L'école est terminée pour le jeune homme. À partir de ce moment, il donne quelques spectacles d'imitations les fins de semaine, tout en continuant à tourner de la céramique à Val-David.

Cette courte période de sa vie inspire d'ailleurs à Serge Grenier des Cyniques un monologue hilarant, livré lors de l'émission de télévision *Club Sandwich*, en 1989 :

« Jean-Guy avait d'autres ambitions. Il rêvait de devenir potier. Alors, une fois ses études terminées, il s'est mis à faire des pots. Des gros pots en grès. Jean-Guy s'était acheté un petit tour, Jean-Guy s'était acheté un petit four. Et que faisait Jean-Guy chaque jour ? Des pots. Des pots en grès, pesants. Des fois, il faisait des gros pots en grès bruns.

Des fois, il faisait des gros pots en grès gris. […] Jean-Guy, je le sais que t'es pas susceptible, alors je vais te le dire : je les haïssais, tes pots ! J'ai toujours haï ça, des gros pots en grès gris. Aujourd'hui, Jean-Guy, Dieu merci, tu as lâché la poterie et tu te concentres entièrement à ton métier d'artiste. T'as le tour, et tu ne fais jamais de four ! »

Ces années-là, durant lesquelles il tergiverse entre la scène et la poterie, Jean-Guy travaille énormément, ce qu'il semble avoir toujours fait, finalement. « J'ai toujours préféré travailler de mon côté quatre-vingt-cinq heures par semaine plutôt que d'être à la solde d'une compagnie qui m'oblige à travailler trente-cinq heures par semaine. Je dois avoir le contrôle sur mes affaires. Il faut que je n'aie plus mon père en arrière qui me dit quoi faire, qui m'enlève le goût. Si ce n'est pas moi qui choisis, ça ne passe pas. » Sa relation avec le travail a très certainement été façonnée par son père, par le caractère contrôlant de celui-ci.

Son désir d'indépendance et d'affranchissement a fait en sorte que, dès l'âge de 11 ans, il a travaillé. « J'avais des *runs* de journaux (*Le Devoir*, *The Gazette*, le *Montréal-Matin*). Je me levais tôt le matin pour les trois *runs*, mais… j'avais de l'argent ! Je dépensais, je flushais. Mon père désapprouvait. Mais c'était mon argent. J'ai toujours travaillé. » Outre la livraison de quotidiens, le jeune Jean-Guy travaille chez l'épicier Steinberg, comme emballeur. Les étés, de 13 à 18 ans, il est commis au Canadian Pacific. Par contre, pendant ces étés-là, Henry-James exige que son fils remette une pension à la famille, qu'il participe aux dépenses de la maisonnée. En échange, Jean-Guy achète le libre arbitre. Une fois la pension remise à son père, le reste de l'argent qui est dans ses poches est dépensé à sa guise. À 16 ans, il s'offre un scooter : une Lambretta 150 LD. Jean-Guy parle de ce scooter avec un brin de fierté dans la voix, même cinquante ans plus tard…

Son rapport à l'argent me semble plus clair, ou du moins, l'origine de ce rapport est éclaircie. Sans doute devrait-il être riche aujourd'hui, après avoir travaillé si fort pendant si longtemps. Mais c'est loin d'être le cas. Car s'il a toujours travaillé, il a aussi toujours dépensé. Et malgré la mort précoce de son paternel, Jean-Guy a gardé la même relation avec l'argent qu'il a gagné tout au long de sa vie. L'argent que Moreau a fait tout au long de sa vie a été dépensé rapidement. « J'ai dépensé à mesure et je continue de dépenser à mesure pour dire à mon père "regarde on peut vivre quand même en n'ayant pas de budget et laisse-moi gaspiller mon argent." Je m'achetais trois chemises de plus, et encore aujourd'hui, je m'achète trois chemises de plus. Mais je l'ai pas gaspillé. Je n'ai plus d'argent, mais je l'ai dépensé. Il y a des bonnes bouteilles de vin, des voyages, mes enfants ont fait des études. Ce qui était nécessaire a été rencontré. Combien de fois je me suis retrouvé dans des creux de vagues, sans argent… alors je vendais mes affaires. Ma chaîne stéréo, mes guitares, mon piano. Puis, on continue. C'est un vieux truc à régler avec mon père. Ça explique tout. J'ai une confiance terrible dans la vie. Le téléphone continue de sonner. J'ai des projets. Je suis ouvert. Quand tu restes ouvert, ça arrive. »

Heureusement que le travail ne lui fait pas peur, car avec ce qui l'attend dans les prochaines décennies, il est en effet préférable de mettre du cœur à l'ouvrage !

LES ANNÉES 1960

« C'étaient les années où il y avait autant de projets qu'il y avait de semaines, s'exclame Jean-Guy. Il y avait toujours quelque chose à faire. Il n'y avait pas de subventions ! L'Amérique se réveillait et le Québec grandissait. Ça explosait partout. Tout était possible, tu n'avais qu'à l'imaginer. Rien ne nous arrêtait. Rien. Calvé, Létourneau et Gauthier faisaient trois, quatre *shows* par semaine dans des auditoriums remplis ! Il y avait une effervescence. La chanson était associée à l'identité québécoise comme jamais auparavant. »

Pierre Létourneau a quant à lui déjà dit : « On faisait partie de la Révolution tranquille sans le savoir ! » Pierre se rappelle les deux gamins qui assistaient à ses spectacles. La première fois qu'il a rencontré Jean-Guy et Robert, c'est à Percé, en 1960. Il y est en compagnie de sa femme et, un jour, Robert et Jean-Guy se pointent chez lui et sonnent à sa porte. La femme de Pierre répond. Les garçons demandent à voir « monsieur Létourneau ». Madame Létourneau leur refuse l'entrée, protégeant son mari des admirateurs téméraires ! Pierre sourit en repensant à cette anecdote. Évidemment, il finit par accepter de les recevoir et de leur parler de ce métier émergent, nouveau au Québec, celui d'auteur-compositeur-interprète. Une affection naît alors entre eux. Affection qui les fera un jour reprendre la scène ensemble, quelque cinquante années plus tard…

Quiconque est né après les années 1960 a entendu dire à quel point le Québec était en effervescence au cours de cette décennie historique, et comment la chanson québécoise est réellement née durant cette période. C'est l'époque de *Jeunesse d'aujourd'hui*, à Télé-Métropole, animée par nul autre que Pierre Lalonde. Pendant que Lalonde fait danser les jeunes sur des airs de yéyé, accueillant les Classels, Michèle Richard, César et les Romains, pour ne nommer que ceux-là, les Jean-Pierre Ferland, Gilles Vigneault, Raymond Lévesque, Renée Claude et Claude Léveillée sont vus et entendus un peu partout au Québec et émeuvent le public avec des chansons d'ici, sur des paroles qui nous unissent et nous définissent.

Parallèlement à ce mouvement artistique québécois, Jean-Guy et Robert évoluent. En 1960, ils ont respectivement 17 et 16 ans. Charlebois commence à écrire ses propres chansons. Moreau hésite toujours entre la céramique et l'imitation. Robert constate alors qu'écrire ses propres compositions n'est pas aussi facile que cela peut paraître. Mais il garde la foi! «Là, on faisait pus de rock du tout du tout. On chantait Aznavour, Béart. On faisait *L'eau vive* à trois voix, avec Jacques Mongeau, se remémore Robert. On allait à La Palette, on se tenait avec des artistes, les beatniks. On rêvait d'aller en Europe, on n'allait voir que des films français.»

Alors que Jean-Guy et Robert solidifient leur amitié et traînent de boîte à chansons en boîte à chansons, il n'est pas rare pour eux d'inviter leurs idoles du moment, Calvé, Létourneau et Gauthier, à venir manger à la maison. Principalement chez les Charlebois, qui sont plus ouverts que les Moreau à la vie artistique. Jean-Guy reconnaît qu'ils ont été, Robert et lui, très culottés, en s'imposant presque dans la vie de ces artistes. «On n'essayait pas d'être impolis, mais on était à la limite de la politesse. Quand j'apprenais une nouvelle chanson, j'appelais Claude Gauthier, à 8 h le soir, et jusqu'à 9 h 30, il me donnait tous les accords de sa chanson au téléphone! Je repense à ça aujourd'hui, si quelqu'un m'appelait le soir à 8 h, j'pas sûr…»

Les garçons chantent et jouent de la musique en recréant ce qu'ils entendent à la radio, à la télévision et dans les salles de spectacle où ils vont constamment. Mais il leur reste encore une étape fondamentale à franchir, celle de la création. C'est Robert, que Jean-Guy qualifie de grand naïf, qui pousse mon père à l'imitation. «Il a trop de talent, ton père. C'est un de ses problèmes!» raconte Robert en riant. Jean-Guy est encore aux Beaux-Arts lorsque le frère d'un vieil ami du primaire monte un *show* dans le sous-sol de l'église Saint-André-Apôtre dans Ahuntsic, et propose à Jean-Guy de faire des imitations. Mais celui-ci n'est pas enclin à faire un numéro, et il lui recommande d'engager Robert Charlebois qui a déjà quelques chansons derrière la cravate. Ils vont ensemble passer l'audition. Robert est pris et exige, sans l'avertir, que Jean-Guy participe au spectacle.

À l'époque, Jean-Guy fait des imitations pour le plaisir, mais il est aussi mime! Il en est très fier, mais le public et son entourage ne lui parlent que de ses imitations. On doit beaucoup à Charlebois pour l'orientation de sa carrière! «Jean-Guy, au début, voulait pas faire imitateur, il voulait faire du mime. Son idole était Marcel Marceau. Il se prenait pour Marcel Marceau. Il imitait Marcel Marceau sans s'en rendre compte! Mais au bout de 15 minutes, on avait fait le tour de Marceau! Il y avait déjà Claude Saint-Denis qui faisait ça, ici. Et un jour, je sais pas pourquoi, on était fous de Brassens, vraiment fous. On était dans mon sous-sol, et Jean-Guy s'était mis je sais plus quoi dans la face pour se faire une moustache, et il a pris la guitare pour faire Georges Brassens. Avant qu'il commence à chanter, on

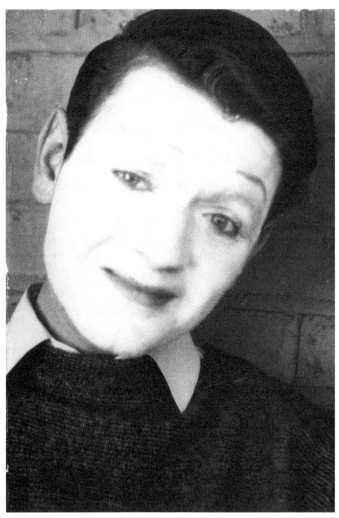

pissait dans nos culottes, Jacques et moi!» Robert suggère alors à Jean-Guy d'apprendre des chansons de Brassens par cœur pour pouvoir les chanter en public. C'est cette imitation de Brassens que Jean-Guy fera donc au spectacle de l'église Saint-André. «Je l'aurais pas fait si Robert avait pas insisté. Ce fut un *hit*, j'ai eu un rappel! Robert m'a embarqué avec lui.» Ce ne serait pas la dernière fois!

C'est en décembre 1961 que Jean-Guy donne sa première performance publique professionnelle, lors de l'ouverture du Saranac, à Ahuntsic, dans la paroisse Saint-André-Apôtre. Avant cette date, il n'y avait aucune boîte à chansons dans ce quartier de Montréal. Des clubs, oui. Mais pas de place pour la chanson francophone. Quatre jeunes hommes en ont décidé autrement.

Jean-Guy Moreau imitant Georges Brassens chantant *L'orage.*

« Il y avait un court de tennis, et derrière, il y avait un bâtiment en long, pour les vestiaires. C'était le *locker room* du club de tennis. Mais l'hiver, il ne s'y passait rien. Les frères Savard, Jean et Pierre, qui étaient avec Ronald Labelle, et un autre (dont j'ai oublié le nom) ont fondé Le Saranac dans ce lieu. Robert étudiait au même collège que les frères Savard. Ils lui ont demandé de participer au spectacle d'ouverture. Moi, j'ai fait des pantomimes et l'imitation de Brassens. Robert m'a dit qu'il fallait que j'aille faire mon imitation de Brassens. Je travaillais à la Caisse populaire, et je suis allé faire le *show* après. Robert a fait ses chansons. Je ne l'aurais pas fait si Robert avait pas insisté pour que je fasse partie du spectacle. Il m'avait dit : "Si tu viens pas, je fais pas mes chansons." Ça nous a donné confiance, d'être ensemble.»

Peu de temps après, Monique Leyrac, Claude Léveillée et Jean-Pierre Ferland offrent à leur tour au public montréalais leurs chansons dans cette même salle.

Jean-Guy était loin de se douter que ce premier « vrai » spectacle donné devant public le guiderait vers plusieurs autres représentations. Mais la prochaine performance qu'il donnerait serait à l'extérieur de Montréal. Il raconte : « Les fins de semaine, notre place pour aller triper, c'était Sorel. Sorel était bien plus ouvert que Montréal. Montréal était guindé, catholique. À Sorel, les filles étaient… *cutes*!»

Un établissement de Sorel, qui est d'abord un restaurant, présente aussi des spectacles de temps en temps : La Palette. Lieu que Jean-Guy qualifie de beatnik, existentialiste. « Il y avait Pelo, le peintre, qui faisait des murales. C'était *wild*! Il y avait un piano. Nous, on allait faire des chansons de Guy Béart, Robert, Jacques et moi. On voyageait ensemble, en scooter.»

Puis, un nouvel établissement voit le jour, fondé par monsieur Larivière : le Quidam. On y cherche des talents locaux pour quelques soirées. Jean-Guy, à la suggestion d'amis du coin, appelle monsieur Larivière. Celui-ci invite Robert et Jean-Guy à venir passer une audition. Monsieur Larivière est présent à l'audition. « C'est bien, dit-il, mais, Jean-Guy, as-tu d'autres imitations ? Parce que les pantomimes, c'est pas pour mon public. Si t'avais d'autres imitations… » Robert répond aussitôt : « Jean-Guy imite tout le monde ! » Robert demande alors quels artistes font partie de la programmation du Quidam, et monsieur Larivière lui parle de Raymond Lévesque, Stéphane Goldman (un Français), Pierre Létourneau, Claude Gauthier. Robert, menteur à ses heures, dit au propriétaire que Jean-Guy les fait tous ! Monsieur Larivière, content, engage alors les grands ados pour la soirée d'ouverture, le 16 janvier 1962.

« Là, faut que je prépare mes imitations ! Robert est convaincu que je peux faire n'importe quoi ! Il m'a mis dans le bain tellement vite. *There was no turning back.* On répétait chez Robert, on avait deux semaines et demie pour préparer le tout. Pour Raymond Lévesque, je me mettais dans la bouche des blocs de bois (appartenant au petit frère de Robert) qu'on avait trouvés dans le sous-sol, afin de donner un son plus proche de sa voix. Plus je faisais mon imitation, plus Robert riait. Mais la raison pour laquelle il riait, c'est que les petits blocs en bois déteignaient ! Ça me coulait chaque bord, le bleu, le rose, le rouge ! C'est comme ça que j'ai commencé ma carrière d'imitateur, avec des blocs de bois dans la bouche ! »

Finalement, ce soir-là, Robert fait huit chansons, et Jean-Guy fait quatre imitations. Quatre chansons intégrales de Brassens, Lévesque, Létourneau et Goldman. Aucun changement de parole, aucune coupure de texte. « On a eu

25 $ chacun pour quatre *shows*. Pour nous, c'était beaucoup d'argent! On avait un article avec photo dans le *Courrier Riviéra* de Sorel! C'était le début.»

Pendant que Robert chante, Jean-Guy en profite pour changer de costume pour ses imitations. «Tout était soigné, raconte Robert. S'il imitait Stéphane Goldman, il mettait un crâne chauve. Des sourcils et une moustache pour Brassens. Une veste grise pour Léveillée. Moi, je faisais son pianiste d'accompagnement! Je prenais ma guitare pour faire mes tounes médiévales, c'était ben endormant, je déposais ma guitare, je me mettais au piano, j'essayais d'imiter les pianistes pendant que Jean-Guy faisait les imitations. Pendant Léveillée, j'essayais de jouer comme Léveillée. Pendant Ferland, j'essayais de jouer comme Paul de Marjorie. J'étais comme devenu son chef d'orchestre.» La complicité sur scène des deux copains voit donc le jour à ce moment.

Mes grands-parents, en compagnie des parents de Charlebois, assistent au spectacle, mais sous un nom d'emprunt! Ils avaient réservé leurs places en tant que monsieur et madame Boivin de Granby, pour passer incognito, ne désirant pas se faire remarquer. «Jamais ils ne sont venus nous voir, on ne s'est pas parlé ce soir-là! Mais ils avaient bien aimé ça.»

Ironiquement, Pierre Létourneau fait son propre spectacle au Quidam une semaine après la prestation des deux grands ados. Pierre n'est pas encore très connu, pas plus que ses chansons. Lorsqu'il prend sa guitare et entonne ses compositions, qui sont pour la plupart des chansons douces et tristes, le public, qui a déjà entendu ces airs de la bouche de Jean-Guy la semaine précédente, se met à rire! Le jeune Létourneau est pris au dépourvu. Mais Pierre en rit aujourd'hui, la situation étant plutôt cocasse!

Au moment de l'audition au Quidam, pour être certain d'avoir d'autres engagements, Robert ment à monsieur

Larivière en prétendant avoir fait La Butte à Ma⌐
lieu mythique fondé en 1959 à Val-David a vu passer tou
les grands de la chanson francophone : Pauline Julien,
Gaston Miron, Raymond Lévesque, Guy Béart, Mouloudji,
Félix Leclerc, etc. Jean-Guy est inquiet : s'il fallait que
monsieur Larivière téléphone à Gilles Mathieu à La Butte !
Ce dernier les connaissait pour les avoirs vus dans sa
salle régulièrement. Moreau et Charlebois y vont en effet
souvent, admirer leurs idoles, leur serrer la main, en vrais
groupies qu'ils sont. Jean-Guy et Robert sautent donc sur
leurs scooters dès leur sortie du Quidam pour se diriger
vers Val-David.

Ils expliquent leur situation à Gilles Mathieu. Sa
réaction est étonnante : il leur propose de passer une
audition. À la suite de quoi il engage les comparses. Robert
en première partie de Félix Leclerc ; Jean-Guy en première
partie de Jacques Blanchet. « Là, c'était 50 $ pour les deux
shows ! Chacun ! Ôte-toi de d'là ! Le *showbiz* commençait à
rapporter ! »

Dix ans après avoir imité Félix Leclerc lors d'un spectacle à son école primaire, alors qu'il connaît presque toutes
ses chansons par cœur depuis la petite enfance, Moreau se
retrouve à faire des spectacles au même endroit que Félix.
« C'était énorme. C'était pour vrai. C'était pus des *shows*
dans des sous-sols ! Mais parce qu'on avait 18 ans, ça ne
nous énervait pas. On était contents, mais il y avait quelque
chose de normal. On n'avait pas mal au ventre. On n'était
pas stressés, on avait hâte. Ç'a essentiellement confirmé
qu'on était à la bonne place. Une confiance sans limites,
qui nous a permis de faire ce qu'on a fait. » Jean-Guy et
Robert vivent un moment privilégié avec Félix, dans sa
loge. « On jasait comme si c'était un vieux chum. On a vu
le Félix fragile, que le public ne pouvait soupçonner. Pour
passer son trac, il donnait des coups de pied dans le mur. »

Jean-Guy en garde des souvenirs qui le font encore sourire à ce jour, alors que le recul lui fait voir l'inconscience de leurs actes, de leur cran. Moreau et Charlebois s'offrent leur aide réciproquement, l'un agissant en tant que metteur en scène pour l'autre. Robert donne des conseils à son ami pour parfaire ses imitations. Et Jean-Guy l'aide à trouver sa bonne position sur scène.

«Ç'a commencé de même. Tout était possible. On s'écrivait des pièces de théâtre pendant la fin de semaine, on montait des *shows*. On n'avait rien, mais on l'imaginait. On fonçait. On était effrontés.»

Pendant leurs jeunes années, les garçons font plusieurs spectacles. Ils n'ont pas encore 20 ans. À l'époque, Robert fréquente Nicole Richard, une vieille amie de Jean-Guy qui habitait la maison d'à côté. Elle a un an de plus que lui. C'est même elle qui a accompagné le petit Jean-Guy à l'école, le premier jour de sa première année. Nicole et Robert formeront un couple pendant deux ans. Non seulement Nicole est l'aînée, mais elle est aussi la seule à avoir son permis de conduire, tout en ayant accès à une voiture! Le gros luxe. Elle fait alors office de chauffeur pour les deux artistes montants, environ de 1962 à 1964.

Pendant deux ans, Nicole amène ses amis faire leurs spectacles. Le salaire gagné sert à peine à payer l'essence et le repas au resto qui suit chacune des représentations.

Les trois louent un chalet à Val-David. Certains mois, l'argent manque. C'est parfois Claude Gauthier qui paye le loyer! Le bâtiment en jouxte un autre qui, un certain week-end, est loué par des étudiantes d'un collège privé. Nicole se souvient: «Jean-Guy, un soir, s'est mis à imiter à peu près toutes les grandes vedettes de la chanson québécoise, comme s'ils entraient chez nous. Raymond Lévesque, Gilles Vigneault, Claude Léveillée… Les petites filles d'à côté avaient l'âge d'adorer ces artistes-là. Le lendemain, elles sont venues sonner chez nous, donnant comme prétexte de vouloir savoir où acheter du lait. Elles ont profité de l'occasion pour mentionner que nous avions eu de grands visiteurs la veille ! À ce jour, elles doivent encore penser que Léveillée et Vigneault étaient réellement venus chez nous ! Les filles ont passé la nuit l'oreille collée sur le mur pour entendre qui entrait dans notre chalet ! Elles ont été dupes ! »

Durant cette même période, Jean-Guy fait la connaissance de Frank Furtado, régisseur de scène de plusieurs artistes. Frank, désirant faire autre chose que de la régie, devient rapidement son premier gérant d'artiste. Un gérant est celui qui s'occupe de la carrière, de l'argent, des engagements. Celui qui gère tout ce qui entoure la vie d'un artiste. Furtado sympathise rapidement avec Jean-Guy et Robert, et connaît très bien Nicole Richard. Ils sont souvent ensemble tous les quatre. En 1963, par exemple, Frank joue sur scène (la seule fois de sa vie où il a été à l'avant-scène) avec Charlebois, dans une pièce mise en scène par Paul Buissonneau, assisté d'Yvon Deschamps ! Il y a pire, comme entourage, non ? !

Frank partage aussi le chalet de Val-David. « On a eu des méchants partys dans cette place-là ! Les artistes invités à La Butte se ramassaient toujours chez nous. »

Nicole Richard se rappelle particulièrement un voyage à New York, dans sa Morris Minor 1 000. Les trois amis partent pour la Grosse Pomme sur un coup de tête, sans un sou en poche. Ils dorment dans la voiture, dans des champs. Une fois à New York, ils déambulent, visitent, fascinés par cette grande ville. Nicole se souvient que Jean-Guy imitait tout le monde, du serveur de café new-yorkais au fermier imaginaire des champs squattés. « Jean-Guy nous a toujours fait rire, parce qu'il imitait tout le monde. Et il fait encore ça aujourd'hui ! » Un soir, sur le chemin du retour, les amis dorment dans un champ de maïs. Comme ils doivent se rendre à une épluchette le lendemain chez Gilles Mathieu, ils en profitent pour faire le plein de maïs, aux frais du fermier local. Jean-Guy, Robert et Nicole sont des urbains. Inconscients, ils apportent chez monsieur Mathieu un sac plein de maïs... à vache ! Les épis ont cuit pendant des heures, sans être pour autant mangeables !

En 1963, Nicole et sa famille déménagent. Ses deux amis, Jean-Guy et Robert, offrent leur aide pour le jour J. La famille Richard voit les garçons arriver, guitare à la main. « Entre deux meubles, ils s'assoyaient dans le camion et jouaient de la musique. J'avais des beaux-frères qui m'avaient dit : "Heille, tes chums, sont-tu venus ici pour déménager ou pour jouer de la guitare ?!" Ils avaient pas été très efficaces... » Artiste un jour, artiste toujours !

JEAN-GUY DEVIENT MOREAU

Si Henry-James a toujours eu peur de voir son aîné mal tourner, il est malgré tout très fier de Jean-Guy lorsque ce dernier fait la première partie de Pauline Julien à la Comédie canadienne (le TNM d'aujourd'hui), en 1964. C'est Robert Charlebois qui l'accompagne au piano, avec Roland Desjardins à la contrebasse et Gérard Ferré à la caisse claire. Les répétitions ont lieu chez Robert. Pour Robert, c'est aussi un grand moment. « Je ne savais pas écrire la musique, j'écrivais juste des accords chiffrés. J'étais chef d'orchestre dans le programme, à la Comédie canadienne!!! Moi qui étais un pianiste infiniment moyen! Mais ça faisait la job! Jean-Guy était mieux servi avec moi qu'avec n'importe qui d'autre, parce que je l'avais fait tellement souvent! En plus, on avait des clins d'œil, des *jokes,* des répliques. On avait un petit numéro à deux.»

C'est lors de ces quatre représentations que Jean-Guy devient réellement le Moreau que tous connaissent aujourd'hui. Pauline Julien, cette grande interprète des années 1960, a envie de faire un spectacle avec la formule de cabaret, où plusieurs artistes seront présents. «J'étais le seul qui imitait les auteurs-compositeurs-interprètes, y en avait pas d'autres. Ils étaient la matière première de Pauline Julien. J'étais dans son monde. On faisait les mêmes boîtes à chansons.» Le spectacle est donc monté : Les Cailloux, un groupe folklorique, font la première partie, Jean-Guy fait ensuite ses imitations de Vigneault, Ferland, Léveillée, Gauthier et Létourneau, et Pauline Julien vient interpréter les grands titres en finale.

Parce que c'est dans la salle prestigieuse qu'était alors la Comédie canadienne, Moreau se rend compte qu'il doit faire plus qu'imiter. Il ressent le besoin de faire des pastiches. « Je ne savais pas écrire, mais il y avait un ami de la gang qui écrivait des chansons. Christian Larsen. Il était très habile, il écrivait pour la radio. » Jean-Guy l'approche et lui propose d'écrire des textes à partir d'idées qu'il a déjà en tête. « Ç'a été mes premières parodies. C'est la première fois où je me suis moqué des autres. C'est là que j'ai dépassé le seuil de "je l'ai-tu bien, la voix ?" et que j'ai compris la dimension des textes. C'est aussi là que j'ai appris difficilement que si tu te permets de te moquer, que ce soit dans les textes de chansons, le comportement, le physique, il faut un dosage égal entre les personnages, ce qui n'était pas le cas. Tes goûts personnels ne doivent pas embarquer là-dedans. Parce que si tu es le seul à penser ça du personnage, ça ne passe pas. »

Jean-Guy a donc réalisé, lors de ces spectacles, les premiers vrais pas de sa carrière qui ne faisait que commencer. Henry-James est présent le soir de la première. Le lendemain, la critique est dithyrambique, et Henry-James se promène au bureau avec un exemplaire du journal dans lequel on encense son fils. Il demande aussi à Jean-Guy de prendre la marquise en photo, avec son nom écrit en lettres noires. « En 1964, il n'y a pas de Place des Arts. La grande salle, c'est la Comédie canadienne. Papa était finalement réconcilié avec mes choix de carrière. Les gens au bureau lui disaient qu'ils avaient lu la critique. »

Henry-James décède une semaine plus tard. « Il est mort heureux et libéré », déclare Jean-Guy. Henry-James a peut-être compris, à la lecture de la critique, que son fils avait sa place dans ce milieu si dangereux à ses yeux, et qu'il avait le talent nécessaire pour ne pas finir dans la rue ou en prison...

La Comédie canadienne, rue Sainte-Catherine à Montréal.

Ce sont d'ailleurs ces imitations, ces parodies, qui se retrouvent sur le premier disque de Jean-Guy, *Mes amis les chansonniers,* paru en 1965.

Robert entre à l'École nationale de théâtre, pendant que Jean-Guy roule sa bosse. Ils font alors leur route chacun de leur côté, sans oublier de se retrouver de temps en temps pour faire la fête.

La carrière professionnelle de Jean-Guy commence à prendre forme. Après avoir fait partie du spectacle de Pauline Julien, Moreau participe à une tournée avec Darry Cowl. Cet acteur et musicien français ayant joué pour Sacha Guitry, Michel Audiard, Jean Yanne, Alain Resnais, et tant d'autres, vient au Québec pour une tournée de spectacles en avril 1965, et Jean-Guy est engagé pour faire la première partie. Ils se baladent à travers la province, présentant le spectacle. Les critiques sont meilleures pour Moreau que pour la vedette française, mais l'amitié professionnelle est au rendez-vous, et Jean-Guy gardera mille et une anecdotes de ces moments passés avec cet acteur renommé, qu'il adore imiter. Il ne s'en lasse pas! Il est vrai que sa voix est particulière et peut donner plaisir à pasticher.

Monsieur Cowl est un grand amateur de pelote basque, ce sport ancêtre du squash. Cowl est un joueur, et tout est prétexte au jeu. Ce sport consiste à échanger la balle qu'on frappe d'abord contre le mur avec la main. Les deux nouveaux copains sortent après les spectacles, se promènent dans les rues, et trouvent toujours un panneau-réclame contre lequel ils peuvent s'échanger la balle et faire une bonne partie de pelote basque. « Je me souviens, à Sherbrooke, après notre *show* à la salle Maurice-O'Bready. On jouait sur les panneaux-réclame, et un soir, la police est arrivée. » Les agents sortent de leur voiture et commencent à invectiver les deux hommes, qu'ils prennent sans doute pour des voyous. Les policiers reconnaissent soudainement Darry Cowl, sa tête frisée, sa cigarette éternelle au coin des lèvres. Tous ses films sont présentés au Québec. Cowl les remercie, en quelque sorte, mais « plus il parlait, plus les policiers pleuraient de rire, parce qu'il avait l'air d'un film ». Évidemment, Darry et Jean-Guy s'en sortent indemnes et continuent leur match! Jean-Guy a beaucoup appris avec cet acteur et cite souvent leurs moments ensemble en référence. « C'était une école de travailler avec des pros qui venaient d'Europe. Je les regardais travailler et j'apprenais comme ça. »

C'est finalement en 1966 que Moreau abandonne complètement la céramique pour se concentrer sur les spectacles. Ses horaires de spectacles, de tournées, sont incompatibles avec ceux du céramiste. Guy Latraverse, producteur de spectacles, l'engage pour faire les premières parties d'artistes tels que France Gall, Enrico Macias et Les Cyniques, en tournée au Québec, au Palais Montcalm de Québec et à la Comédie canadienne de Montréal. Il se fait ainsi connaître du grand public.

À propos de son travail avec les grandes vedettes françaises venues en tournée au Québec au cours de ces années-là, Jean-Guy dit : « Ils étaient beaucoup plus professionnels. Ils savaient ce qu'ils faisaient. Les petites photos pour les autographes, la table était mise pour la signature, le système de vedettariat existait et ils venaient avec de grosses équipes. On n'avait pas encore ça ici. Quand Michel Fugain descendait avec son Big Bazar, *it was a big bazar*! »

C'est aussi en 1966 que Jean-Guy, Robert et Mouffe décident de partir en Europe. Ils arrivent à Paris et logent dans un petit hôtel sur quai Saint-Michel, face à la cathédrale Notre-Dame. Il y a pire ! « Quai Saint-Michel ! On était à Paris, le bistrot était au coin, c'était la découverte de Paris ! » Découvrir la Ville lumière les enchante tous. Après quelques jours, Mouffe quitte les deux compagnons pour aller plus au nord, en Scandinavie. Les copains décident alors de louer une voiture pour prendre la direction de la Côte d'Azur, plus précisément Saint-Tropez.

Les jeunes hommes, âgés de 22 ou 23 ans à l'époque, louent une chambre à deux lits, avec WC à l'étage, comme il est courant à l'époque en France. Le soir, ils sortent en discothèque pour danser, sûrement, mais surtout pour draguer. « On a pris un coup, on avait juste ça à faire, on a commencé à regarder autour. Les filles, les minijupes, les minirobes en coton, on voyait à travers, on devenait fous ! » Les amis vont sur la piste de danse, zieutent toutes les demoiselles sur place. Vers 3 h, Robert, n'ayant pas trouvé d'élue, décide de rentrer à l'hôtel. Jean-Guy, quant à lui, en a une bien en vue. Il dit donc à Robert qu'il reste sur place, plein d'espoir. Il invite la demoiselle à prendre un verre et elle accepte. Après un moment, la jeune femme dit qu'elle veut rentrer. Jean-Guy, galant, certes, mais espérant surtout une invitation, lui propose de la raccompagner. « *Things are going fine!* »

À Paris, Jean-Guy et Robert se font faire une carte postale amusante!

Ils marchent dans la nuit de Saint-Tropez. La femme lui explique qu'elle n'habite pas loin, mais qu'elle aime bien marcher et faire le tour par en haut, en passant par le cimetière, lieu qu'elle privilégie. «Finalement, on est arrivés chez elle et elle m'a invité à monter. C'était une chambre, quelques meubles, une armoire. Au premier coup d'œil, j'ai vu des photos collées sur le mur, des photos de filles de magazines. Sans comprendre, j'ai remarqué que c'était rouge autour de leur bouche.» Jean-Guy est passablement aviné et ne fait pas de cas de ces étranges photos. Il passe plutôt à l'action avec la jeune demoiselle. Il remarque des égratignures sur les jambes et les cuisses de son amante du soir, sans vraiment se demander d'où elles proviennent. Alors qu'il s'apprête à s'endormir, comblé, la femme lui dit: «Je vais te faire un petit truc, si tu veux bien.» Elle prend place, assise sur Jean-Guy qui est couché. Elle prend une aiguille et lui entaille le cou d'une incision en forme de croix. Le sang jaillit tout de suite, et Jean-Guy voit la fille se pencher et prendre une petite gorgée de sang, pour ensuite rejeter la tête en arrière en laissant couler le sang de chaque côté de sa bouche. «Là, j'ai revu les photos sur le mur. Elles étaient toutes dessinées avec des lignes rouges comme ça sur les côtés de la bouche. Ç'a fait un plus un. C'était une sorte de vampire! C'est quoi, ça, un culte, une secte!? Ça chauffait dans mon cou, je n'étais pas content.» La fille lui fait un genre de pansement avec du papier à rouler pour empêcher le sang de couler. Jean-Guy se lève et s'habille pendant que la fille est dans les vapes, comblée à son tour, savourant le goût et l'odeur du sang. «Tout s'est additionné: le cimetière, les photos, la vie nocturne, les égratignures!»

Petit aparté nécessaire: Jean-Guy à ce moment est un grand *fan* de vampires. Il a vu tous les films, connaît tous les «trucs» de vampires. On est à des décennies de *Twilight*, mais Bela Lugosi existe depuis belle lurette et Jean-Guy l'adore. Il sait pour l'ail, les miroirs, la nuit, la croix, le pieu dans le cœur, tous les détails, quoi ! Ce même après-midi, alors qu'ils étaient en voiture pour se rendre à Saint-Tropez, Jean-Guy avait justement fait part de ses connaissances à ce sujet et expliqué comment se débarrasser des vampires.

Ainsi, après que la fille lui a sucé le sang, il regarde si elle a des crocs ! Bien sûr, ses dents sont normales, mais il a préféré vérifier…

Lorsqu'il entre à l'hôtel, la porte de sa chambre est ouverte, mais Robert n'est pas là. Jean-Guy se dit que son ami a dû rencontrer quelqu'un. Il entre et referme la porte derrière lui, sans la verrouiller. Pour cacher sa cicatrice afin d'éviter d'avoir à fournir une explication à son chum, il se couche avec un col roulé ! Lorsqu'il se réveille, Robert est là. Pas content. «Pourquoi t'as refermé la porte, hier soir ? J'suis juste allé aux toilettes, j'avais laissé la porte ouverte pour retrouver la chambre ! J'étais mélangé, je me suis trompé d'étage, la porte était fermée !» Jean-Guy raconte alors à son chum son aventure nocturne. «J'ai jamais entendu un gars rire fort comme ça, se souvient-il aujourd'hui. Il a décidé d'en rajouter pendant les trois ou quatre jours suivants !

«Tout un souvenir de voyage ! ajoute Jean-Guy. Un petit choc, quand même ! Je regardais ma cicatrice de jour en jour, il y avait encore une marque. Robert me demandait de lui montrer ma marque et me disait que j'étais marqué à vie ! Il m'a pas lâché jusqu'à la fin du voyage.»

Le retour d'Europe implique un retour au travail, et ce, de manière intensive. En 1967, Jean-Guy passe six mois au Pavillon canadien de Terres des Hommes, avec Dominique Michel, Denise Filiatrault, Paul Berval et sept musiciens sur scène, dans une revue musicale bilingue intitulée *Katimavik*. « On chantait *live,* pas de micros, dans une salle de 600 places, pendant six mois. On faisait de la danse, des sketchs, des chansons. Le *show* commençait à 18 h 15 et finissait à 19 h 10. Ce qui nous permettait d'aller travailler ailleurs ! »

Jean-Guy et Robert en spectacle.

Comme il avait du temps libre (!), Jean-Guy, en compagnie de Charlebois et Mouffe, monte une autre revue, *Terre des Bums*. Ils présentent le spectacle à La Boîte à Clémence, dans le resto d'Yvon Deschamps, Le Fournil, place Jacques-Cartier. Le spectacle tient l'affiche pendant plus de deux mois. « Certains samedis soir, on faisait trois représentations de *Terre des Bums*, après *Katimavik*. J'avais aussi mes *shows* à moi, présentés l'après-midi, au Pavillon canadien. J'étais jeune, j'avais 21 ans, j'étais fait en ciment ! »

Clémence a d'ailleurs écrit un mot pour les trois complices, sur la pochette du disque vendu au grand public :

Terre des Bums, Jean-Guy, Mouffe et Robert.

« Mouffe, Jean-Guy, Robert,

Deux mois avec nous, à la Boîte, c'est trop court. Heureusement, votre *Terre des Bums* continue de tourner sur disque. Tant mieux pour nos souvenirs. Tant mieux pour ceux qui découvriront vos belles folies, vos chansons neuves, votre monde. Vous étiez les premiers invités à la Boîte à Clémence. Dépêchez-vous d'y revenir. Elle est là pour vous. Merci. À bientôt.

Votre amie, Clémence DesRochers. »

Tout de suite après, à l'automne 1967, ce sont les célébrations du centenaire de la Confédération du Canada. L'argent coule à flots pour les spectacles. Frank Furtado organise une tournée en Ontario, avec Renée Claude, Claude Gauthier, Jean-Guy, et François Dompierre à la direction musicale. La tournée du Centenaire, dans les villes où les francophones sont présents. Les spectacles sont nombreux. Dompierre confie : « On était partis huit jours et on avait dormi deux jours en tout. Ça n'avait pas de bon sens. » Jean-Guy renchérit : « Quand je suis rentré à la maison après la tournée, je me suis assis sur une chaise, j'ai dit à ma blonde Cécile : "Je me lève plus ! Je suis brûlé." Je suis resté assis deux, trois jours. C'était mon premier *burn-out*. J'avais même pas 25 ans. J'ai réalisé que non, j'étais pas fait en ciment.»

Après l'Expo 67, Charlebois décide de partir en Californie. À son retour, la guitare sèche prend le bord pour céder sa place à la guitare électrique. La période des boîtes à chansons est révolue ! En juin 1968, *L'Osstidcho* est présenté et confirme l'enterrement des chansonniers traditionnels. Tout éclate, partout en Occident. La pièce *Les Belles-Sœurs* est créée pour la première fois, et révolutionne la manière d'écrire du théâtre au Québec. Enfin de la place pour le parler québécois ! Pendant ce temps, Jean-Guy fait du cabaret. «C'est moi qui ai choisi ça. La boîte à chansons s'en allait, j'avais déjà un agent, un anglophone, qui me *bookait*. D'année en année, ça devenait quelque chose de complètement différent. Après *L'Osstidcho*, on a monté une revue, *Peuple à genoux,* pour la période des fêtes, au Quat'Sous. Avec Louise Forestier, Michel Robidoux, Charlebois, Deschamps. Une revue sur Noël, des sketchs, des chansons. Ça déboulait, il y avait de l'ouvrage. J'ai jamais arrêté de travailler. C'était mon école en même temps.»

Un jour, Moreau discute avec Tex Lecor, qui chevauche aisément l'univers théâtral et celui du cabaret dans les années 1960. Sur ses conseils, Jean-Guy appelle la grande *booker* de cabarets au Québec, en 1966, dont il a oublié le nom. Celle-ci lui souhaite la bienvenue, lui demandant s'il sait dans quoi il s'embarque… Jean-Guy le découvre rapidement ! Son premier contrat est à l'Hôtel Central, à Shawinigan. Il fait trois représentations de 20 minutes, chaque jour. «C'était un autre monde, le cabaret. Je suis allé y chercher autre chose.»

La réalité de cet univers est effectivement tout autre que celle du théâtre. Le public est exigeant, arrive souvent en retard, discute pendant les numéros, se lève pour aller aux toilettes et parle aux artistes sur scène. Pendant son premier numéro, le premier soir, trois hommes sont à une table devant la scène et sirotent allègrement leurs bières, tout en discutant. «J'étais pas habitué à ça! Je leur ai demandé si je les dérangeais. Un des gars a dit: "Imite Pierre Lalonde." J'ai dit que je venais de le faire. Le gars a répondu: "Fais-le encore!" Je me suis dit que j'avais intérêt à le faire encore, sinon je ne serais plus là le lendemain soir… C'est là que j'ai commencé à apprendre mon métier. C'est une autre place où j'ai appris à travailler.»

L'expérience est difficile mais fort enrichissante, sur tous les plans. Jean-Guy gagne très bien sa vie d'artiste. Il touche parfois jusqu'à 1 800 $ par semaine. Et nous sommes en 1967! Encore aujourd'hui, cette somme représente un bon salaire, alors imaginez dans les années 1960! Il pouvait bien conduire une Porsche, à l'époque!

LES AUTRES SPHÈRES

La voix de Moreau est fort belle, riche, grave, nuancée, expressive, et offre de multiples facettes. Jean-Guy a une voix très radiophonique. Jacques Godbout a même dit qu'il est « un homme de la radio dans un monde de l'audiovisuel ».

L'année 1966 réunit les deux grands amis, Jean-Guy et Robert, pour une émission de radio hebdomadaire sur les ondes de Radio-Canada, grâce à un ami de Robert, Michel Gaudet, dont le frère est directeur des programmes à la société d'État. Robert raconte : « On avait monté un gros projet, avec l'astrologie et des musiques correspondant à chaque signe. Le gars nous avait dit : "Je vous donne carte blanche, deux heures les lundis matin, vous faites jouer ce que vous voulez." » L'émission s'appelle *Feu à volonté*. « On était fous de bossa-nova, de chanson française. Jean-Guy imitait tous les personnages nécessaires, on passait l'actualité de la semaine. Merci, Michel Gaudet ! C'est un grand souvenir. » Beau défi pour les garçons, qu'ils semblent avoir relevé honorablement. « On avait tout à prouver, on connaissait rien. On avait le complexe de l'usurpateur ! »

Impressionnés de se retrouver dans les mêmes studios que Jacques Normand et Roger Baulu, les deux comparses ont beaucoup de plaisir à faire de la radio. Jean-Guy en garde d'excellents souvenirs. « On était tout à fait connectés à un autre mouvement qui a changé la scène pop. On a fait des choses très osées. On s'est amusés beaucoup. »

Ils ont carte blanche et l'utilisent, au point que Jean-Guy fait même un numéro inédit, soit une «entrevue» radiophonique de Marcel Marceau! Il imite le grand mime, pendant quelques minutes… à la radio. Du silence, plus qu'autre chose, est alors offert aux auditeurs! «Je faisais juste quelques bruits, des respirations…» On peut imaginer Robert tentant d'étouffer ses rires, de calmer les larmes qui lui montent aux yeux, pendant que Jean-Guy fait un mime sur les ondes…

Dans les années 1960, Jean-Guy est souvent appelé à remplacer des animateurs, des annonceurs, qui partent en vacances quelques jours. Il remplace entre autres Jacques Duval à CKAC. Jean-Guy ne fait pas souvent d'imitations en ondes. Il est là pour animer une émission de radio, pas pour imiter. Il propose aux auditeurs des tribunes téléphoniques dont une qui lui reste en mémoire plus que les autres : «"Quel est votre défaut caché?" Les gens appelaient pour dire qu'ils mangeaient du dentifrice. Un bon gros tube par jour! Un autre appelait pour dire qu'il mangeait des crayons. Trois ou quatre par jour, avec la mine, le bois! J'ai eu du *fun* à expérimenter des choses et à découvrir que le monde est plus fou qu'on le pense!»

Lors d'un remplacement à CKAC, vers la fin des années 1960, Jean-Guy prend conscience des limites de la radio. La populaire émission *La Dame de cœur*, diffusée tous les jours à 15 h sur CKAC, prend fin. On engage Jean-Guy pour animer *L'Enfant de cœur*. L'expérience n'est pas aussi concluante. «J'ai fait *L'Enfant de cœur* pendant trois mois. On a essayé. C'était pas ça du tout, c'était pas ma place. On faisait des affaires éclatées. Les *boss* venaient me voir, je fittais pas. J'étais pas standard.»

En 1971, Jean-Guy retourne à la radio, à la station CKLM 1570. CKLM appartient à l'époque à Guy Darcy, Roger Lebel et Jean-Pierre Coallier. Serge Laprade est alors directeur des programmes. Yves Corbeil anime l'émission du matin, Lise Payette le suit pendant deux heures, et Jean-Guy est à la barre de l'émission du midi. Après quelques semaines, Roger Lebel lui annonce qu'il devra « s'opérer » lui-même : il n'a plus de technicien et il doit s'occuper de la mise en ondes de sa propre émission. « J'ai aimé ça ! C'était apprendre de nouvelles choses. » Pour s'amuser, Jean-Guy crée une parodie de radio-roman. Deux minutes par jour, il parodie l'émission *Les Berger*, avec Roland Chenail, écrite par Marcel Marin, pour en faire *Les Mouton*, « écrit » par Marcel Matelot. « Y avait pas d'action. Il n'y avait que deux personnages qui parlaient dans un restaurant au-dessus d'une tasse de café. Ils racontaient ce qui s'était passé, ce qui allait probablement se passer et ce qui se passerait le lendemain. Je m'amusais beaucoup. Ça marchait au point que le monde appelait si l'émission passait pas à l'heure prévue ! Je faisais ça tous les jours, avec Thérèse David, qui était discothécaire. J'ai appris la base de la dramaturgie radiophonique et je l'appliquais là. J'ai toujours été un peu marginal, dans mes visites dans d'autres sphères. »

Beaucoup plus tard, pendant deux étés, en 1987 et en 1988, Jean-Guy fait l'émission du matin de CJMS. Il se lève alors aux petites heures, lui qui a toujours eu une vie de soir, de nuit, avec les spectacles, le resto après, et qui ne rentrait à la maison qu'une fois la nuit bien avancée. Et le voilà à se lever à une heure si précoce que les oiseaux ne chantent pas encore ! Les étés se passent extrêmement bien, si bien que la station propose à Jean-Guy de remplacer Michel Beaudry, qui quitte son poste d'animateur pendant la saison régulière. Mais si ces deux étés ont été idéaux pour Jean-Guy, pour la station et pour les auditeurs, l'automne s'annonce différemment. Les conditions de studio sont autres, la commande est différente, la formule a été… reformulée. Moreau sera remercié quelques mois plus tard.

La station préfère briser son contrat pour passer à autre chose. Malgré cela, Jean-Guy garde de la radio un bon souvenir.

Jean-Guy fera une dernière incursion en radio au début des années 2000, alors que François Dompierre anime à la radio de Radio-Canada une émission quotidienne, *Ici tout est permis,* pendant laquelle il invite des gens à venir lui parler de leur vécu. «Je jouais du piano et on placotait. C'était l'fun.» Il décide de prendre au pied de la lettre le titre de son émission et invite Jean-Guy à cinq reprises. Mais aucun auditeur n'a jamais su qu'il entendait Moreau. Les deux copains ont décidé de s'amuser franchement. Jean-Guy campe de faux invités. De faux personnages. Ou du moins, de vrais personnages mais issus de son imagination! «Jean-Guy faisait semblant qu'il était quelqu'un. C'était une supercherie totale!» raconte Dompierre. Par exemple, il personnifie un certain George Woolington, ancien pilote de la Royal Air Force du Royaume-Uni, ayant fait la Seconde Guerre mondiale. «Il avait pas d'accent en anglais, il avait l'air du vrai gars!» Ou alors, Robert Provost, ex-détenu réhabilité. «Il y en avait des très drôles! C'était très bon. On a eu du plaisir!» Jean-Guy prépare les dossiers sur l'«invité» qu'il personnifie, fait toute sa recherche avant l'émission, et envoie à Dompierre un dossier digne des grands recherchistes de la radio.

S'ils se sont accordé autant de liberté lors des passages de Jean-Guy à l'émission de François et qu'ils se sont autant amusés, c'est sans doute parce qu'ils ont une complicité authentique, une amitié qui remonte à plusieurs décennies. Et cette complicité s'est confirmée plus que jamais lors d'une aventure de voyage commune, qui les fait autant rire aujourd'hui que lorsque c'est arrivé.

Dans les années 1990, François Dompierre a un voilier qu'il fait voguer sur le lac Champlain. Un jour, il invite Jean-Guy à se joindre à lui et à sa femme Louise. François reconnaît aisément qu'il n'a rien d'un grand navigateur. Mais il y prend du plaisir. Les trois amis quittent le port de Plattsburgh pour se rendre directement, à moteur, dans une anse non loin, pour casser la croûte. En route, François avoue avoir eu le bateau pour une bouchée de pain, mais sans avoir réellement le pied marin. Sans la passion de la voile. Comme disait sa femme Louise, « c'est pas vraiment son truc ». Et comme dit Jean-Guy : « François et les choses, c'est à des kilomètres de distance. » Il est vrai que Dompierre n'est pas très doué avec les objets, avec le matériel...

Le bateau se dirige donc vers une baie, pour s'amarrer aux côtés de plusieurs autres voiliers. « On entre dans la baie. Je suis heureux, je regarde François, et je trouve qu'il a l'air d'un capitaine. Deux secondes après, on se prend, on échoue dans la vase. » Jean-Guy demande à François ce qui se passe, et celui-ci lui répond qu'il ne comprend pas, qu'il a pris ce même chemin la veille sans rencontrer aucun problème... Il ne sait pas quoi faire, et le bateau est bel et bien envasé. C'est Jean-Guy qui propose une solution, que des amis marins lui ont enseignée dans le passé : il faut grimper au mât, et s'y pendre pour faire pencher le bateau du côté opposé. Ce qu'il fait ! Incroyable ! Si cela s'était passé dans les années 2000, une vidéo amateur aurait forcément été diffusée sur YouTube !

Le bateau est donc enfin libre d'aller s'ancrer près des autres voiliers, et les trois amis se préparent un délicieux repas, en riant de cette expérience. Jean-Guy fait plusieurs blagues sur les talents de « navigateur » de son ami François. Ils passent la nuit à cet endroit, déjeunent tranquillement le lendemain matin, et décident de se diriger vers l'État de

New York, sur cet immense lac. Le vent est au rendez-vous, le bateau vogue bien, les voiles sont montées.

Trente minutes après le départ, le voilier frappe une pierre et s'échoue sur un amas rocheux, en plein milieu du lac. Le bateau est penché à 45 degrés. « L'image m'a fait tout de suite penser à l'arche de Noé prise en haut de la montagne, quand l'eau se retire », se rappelle Jean-Guy. Le bruit des pierres qui frappent la coque du bateau fait craindre le pire aux navigateurs en herbe ! « Échouer deux fois en deux jours, c'est un record ! » Ils s'assurent que l'eau n'entre pas dans le bateau, et François fait des appels à la radio : « *Mayday, Mayday,* venez m'aider ! » Bien qu'il se retrouve dans une situation quelque peu précaire, Dompierre ne peut s'empêcher de rigoler, de faire des blagues. L'humour de François est légendaire, pour qui a la chance de le connaître !

Un voilier américain répond à l'appel et leur dit qu'il les tirera de là, s'ils peuvent lui fournir suffisamment de corde. « François me regarde avec un air inquiet, et il demande à Louise : "On a de la corde ?" » Jean-Guy propose d'aller dans la chaloupe de secours, en attendant que François et Louise cherchent et trouvent de la corde. « Pendant vingt ou vingt-cinq minutes, ils raboutent de morceau en morceau tous les bouts de corde qu'ils trouvent. » Le bateau venu à leur aide attend patiemment. Tout le monde rit aux larmes, ne croyant pas toutes ces mésaventures, et tentant d'obtenir cent cinquante pieds de corde en joignant des bouts épars les uns aux autres ! Jean-Guy attend toujours dans sa chaloupe. « Je regarde le fond du *dinghy,* et je remarque une guenille. J'enlève ce chiffon qui est dans le milieu. Ça fait une petite fontaine. Je me trouve à avoir enlevé le bouchon improvisé de François. » Jean-Guy avertit alors François de l'état actuel de la chaloupe. Jean-Guy met son doigt dans le trou, tout en vidant de l'autre main, avec un gobelet, l'eau qui s'accumule à ses pieds. Et, comble de malchance, il se met à pleuvoir !

Lorsqu'il me raconte cette anecdote, François rit plus qu'il ne parle ! Il se rappelle les fous rires communs. « J'ai rarement vu Jean-Guy rire comme ça ! »

Malgré les larmes de rire qui leur montent aux yeux, ils réussissent à se faire remorquer par le bateau ami, sortent de là, et retournent tranquillement au port de départ, à Plattsburgh. « On s'est amarrés, on est allés au resto, en se remémorant cette fin de semaine extraordinaire. » Soit un gros soixante minutes de voile, en deux jours, après avoir échoué deux fois…

François a vendu son bateau par la suite, très rapidement, se consacrant à ce qu'il fait réellement bien : la musique, la radio, la cuisine, les voyages.

Outre la radio, Jean-Guy fait également quelques incursions dans le monde du théâtre au fil des années. Ces expériences théâtrales lui ont appris, entre autres, la rigueur. Au printemps 1970, Pierre Thériault, Yvon Dufour, Michel Craig, Yves Préfontaine et Jean-Guy jouent dans une pièce écrite par Joe Orton, *Par le trou de la serrure* (*What the Butler Saw*). Moreau y tient un petit rôle. Il s'agit de sa première expérience théâtrale avec des pros.

Il se souvient de la tournée, particulièrement un soir, à l'hôtel Chicoutimi. Les autres acteurs sont plus âgés, presque tous mariés, et Jean-Guy est chargé de l'alcool, que tous vont consommer dans sa chambre après les spectacles.

La chambre de Jean-Guy est au deuxième étage. Il sort de la salle de bain et se prépare à se coucher lorsqu'il voit, à sa fenêtre, Pierre Thériault qui est dehors. Monsieur Thériault sourit, cogne à la vitre et fait des gestes pour indiquer à Jean-Guy d'ouvrir la fenêtre. Celui-ci a peur qu'il tombe. « Dans ma tête d'enfant, je vois Monsieur

Surprise. La surprise est grande! C'est Monsieur Surprise dans ma fenêtre!»

Il lui a bien évidemment ouvert la fenêtre. Monsieur Surprise est ainsi venu prendre un verre avec Jean-Guy, bien à l'abri, entre quatre murs. Il aurait pu, tout simplement, passer par le corridor et frapper à la porte, mais il préférait faire une blague à Jean-Guy, pour le faire rire!

Il retourne au théâtre à l'automne 1971 et en 1972, dans une pièce de Jacqueline Barrette, *Oh! Gerry Oh!*, en compagnie de Guy Godin et Michèle Deslauriers, à la salle Maisonneuve. Cette pièce est mise en scène par Jean-Pierre Ménard, avec qui Jean-Guy a adoré travailler. Tellement qu'il l'a engagé plus tard pour d'autres spectacles. «J'aime les gens avec qui ça s'arrête pas là.» Des gens qui le relancent dans ses idées.

S'il a apprécié ces premières expériences théâtrales, Jean-Guy reconnaît que c'est avec le metteur en scène Olivier Reichenbach qu'il a appris la vraie rigueur, lors de la production de 1979, *Connaissez-vous la Voie lactée?*, dans laquelle il donne la réplique à Jacques Thisdale. Dans cette pièce, Moreau incarne le psychiatre du personnage joué par Thisdale, qui se retrouve dans un asile. Le patient écrit sa vie sous forme de pièce de théâtre, et demande à son psy de la jouer avec lui. Le psy se retrouve alors à faire cinq ou six personnages différents. «C'était apeurant. Mais je ne pouvais pas ne pas y aller. C'était mon heure, c'était le moment. Si tu n'y vas pas, tu vas le regretter toute ta vie! J'ai travaillé fort. Olivier Reichenbach m'a aidé au point qu'il m'a laissé faire. Il m'a laissé suggérer des choses, des personnages. J'ai compris qu'au théâtre le personnage est écrit, mais il peut avoir vingt formes différentes, vingt costumes différents avec le même texte. L'intention peut changer, le rythme peut changer. C'est toi qui le fais vivre. Tu as la liberté de suggérer des choses. Le théâtre m'a donné la rigueur que je n'avais jamais eue et que j'ai encore un peu aujourd'hui. Olivier m'a laissé beaucoup de corde.»

Jean-Guy, acteur en herbe, tire parfois un peu trop sur la corde, et se permet certains soirs de sortir du cadre de ses répliques, d'improviser. Au grand désarroi de son complice de scène, Thisdale, acteur accompli, qui n'est pas aussi à l'aise dans l'impro que peut l'être un humoriste. «Ça m'a obligé à être rigoureux et à y aller selon le texte, selon la réplique.»

Cette œuvre théâtrale avait un lien avec Moreau, sans qu'il le réalise lors de son embauche. Jean-Guy raconte qu'un soir, au milieu des années 1970, alors qu'il rentre chez lui après un spectacle, il attend que le feu rouge passe au vert, au coin de Champlain et Ontario. Sur le coin nord-ouest, il y a une taverne, et les deux étages au-dessus comportent des appartements.

À la fenêtre de l'un d'eux, Jean-Guy remarque une grande lumière, qui devient rapidement à ses yeux des flammes. Sur le coin de la rue se trouve une cabine téléphonique rouge dans laquelle est installé un levier dont le mécanisme est directement relié à la caserne de pompiers. Il l'actionne rapidement. Il traverse la rue en courant. Il arrive près de l'immeuble en même temps qu'un autre homme. Tous deux voient une femme, à la fenêtre du deuxième étage, en robe de nuit. Jean-Guy veut l'avertir qu'il y a un feu à son immeuble. La jeune femme crie qu'elle est au courant mais qu'elle ne peut sortir, le feu ayant envahi le corridor. Mon père lui dit d'attendre, lui crie qu'il va approcher la voiture pour qu'elle puisse sauter sur le toit. Elle est prête à sauter, les deux jambes sorties de la fenêtre, le feu derrière elle. «J'ai pas eu le temps d'approcher ma voiture, elle a sauté. Elle est tombée sur le dos.»

Il court vers elle, elle est consciente. «Le monde commençait à arriver, les gens sortaient par la porte, une femme a donné son bébé à quelqu'un sur la marquise. Le feu était partout. Les pompiers sont arrivés, l'ambulance aussi. Des gens ont soulevé la jeune fille, qui devait avoir 22 ou 23 ans. Je l'ai suivie et lui ai demandé comment elle allait. Elle a dit qu'elle allait bien mais qu'elle ne sentait plus rien.» Le feu ravage l'édifice. La jeune fille part en ambulance. Mon père est tout de même heureux d'avoir pu intervenir. Dans les journaux du lendemain matin, il lit, avec un certain soulagement, le compte rendu qui ne fait état d'aucun mort.

Deux ans plus tard, Jean-Guy est donc dans la pièce d'origine allemande *Connaissez-vous la Voie lactée,* de Karl Wittlinger, traduite et adaptée par un Québécois, Denis Chouinard. Lors d'une lecture de la pièce, Jean-Guy est attablé avec Thisdale, Reichenbach et Chouinard. Un des passages de la pièce, lu par Thisdale, dit en gros ceci: «Ça, ça me fait penser aux propriétaires qui haussent le loyer mais qui sont pas foutus d'installer des escaliers de secours en arrière, même si c'est la loi. Certains propriétaires méritent qu'on leur tape dessus parce qu'ils sont pas foutus d'être légalement responsables de leurs locataires.»

Cela fait tiquer mon père, qui se permet un aparté pendant la lecture. Il se met à décrire l'incendie, survenu deux ans plus tôt. Chouinard lui dit: «Donc, c'était toi… La fille qui a sauté m'a raconté l'histoire, elle m'a dit que l'homme ressemblait à Jean-Guy Moreau. Mais qu'elle était trop énervée et qu'elle a sauté en bas.» Mon père est content d'apprendre qu'elle va bien. Du moins, qu'elle est toujours vivante! Il se trouve que le traducteur est son grand ami. Petit monde, va…

La jeune femme va bien, mais elle est paralysée jusqu'au cou. Il explique à Jean-Guy qu'à la suite de l'accident les assureurs n'ont jamais voulu lui payer d'indemnisation. Les agents d'assurances, pour éviter de payer, auraient rédigé des rapports bidon, dans lesquels ils auraient écrit que les pompiers étaient déjà sur place lorsque la jeune femme a sauté de la fenêtre. Ils auraient fait signer des dépositions par de faux témoins. Depuis tout ce temps, la victime n'a rien reçu et est bénéficiaire de l'aide sociale. Mon père est outré. Il était le premier témoin sur place, il sait très bien qu'elle n'a pas sauté après l'arrivée des pompiers! Il se rend donc chez elle pour la rencontrer, et il lui offre son soutien et son aide dans ce dossier d'assurances litigieux qui n'aurait jamais dû l'être. Elle avait besoin d'un témoignage écrit et signé. «Alors, j'ai rempli le papier et ça s'est réglé.» Quelque temps plus tard, elle a reçu son dédommagement. Les assureurs ont dû payer. Justice a été rendue. «Ça s'peut pas, des hasards comme ça!» dit Jean-Guy.

Moreau fait une dernière incursion dans l'univers théâtral lors de la production *Scapino,* en 1981, une adaptation des *Fourberies de Scapin* de Molière.

Outre les imitations, le cabaret, la radio et le théâtre, Moreau a su prendre sa place dans le monde de la télévision tout aussi bien. Il a participé à plusieurs *Bye Bye,* dans les années 1970. «J'en ai fait quatre ou cinq, je m'en souviens pas.» Quand on ne se souvient plus du nombre de *Bye Bye* qu'on a faits, c'est qu'on en a fait beaucoup! En réalité, il a participé à quatre *Bye Bye*: 1977, 1978, 1980 et 1982. «Les *Bye Bye,* c'est de la grosse production pendant un mois. Tu travailles avec des bons scripteurs, des bons acteurs. J'apprenais à travailler avec Dodo, Denise, Benoît Marleau, en les regardant faire. T'as pas le temps d'analyser l'affaire, t'es dans un bain, avec des pros. Tu sais que c'est des pros, alors que toi, t'as pas fait autant de télé qu'eux, pas aussi bien. C'était une belle école. Ç'a été très bon pour ma carrière.

J'ai travaillé avec les deux meilleurs auteurs qui ont lancé la formule *Bye Bye,* Gilles Richer et André Dubois.»

Dans un sketch de 1977[1], Jean-Guy incarne René Lévesque qui fait une réunion de son cabinet, qu'il dirige comme une réunion de scouts, avec les membres de son cabinet qui ont chacun leur nom de scout, tel Camil Laurin, devenu Taupe Têtue pour les besoins de la cause, incarné par André Dubois. Les petits scouts chantent souvent, sur l'air de *Feu, feu, joli feu*: «René, cher René, ton ardeur nous réjouit. René, cher René, brille dans la nuit.» Lévesque fait le bilan des activités de la troupe et leur donne des trucs pour le prochain grand jeu de nuit, le jeu du référendum. Le sketch se termine avec Lévesque qui recommande à ses scouts, toujours prêts, l'arme ultime à utiliser en cas de légitime défense: le costume de la GRC, car, dit-il, «avec ça sur le dos, vous pourrez faire les pires bêtises sans jamais être achalé par personne».

Dans un autre sketch de 1978, il y a un numéro sur Claude Ryan[2]. Ryan, alors chef du Parti libéral du Québec, rêve qu'il fait un discours en tant que premier ministre du Canada pendant lequel la main de Dieu vient le toucher. À son réveil, au lit avec sa femme, il se remet de ses émotions en regardant dans son agenda ses engagements de la journée: 9 h, discours sur la montagne. 10 h, visite au Carrefour Laval. 11 h, apparition de la Sainte Vierge à Saint-Bruno.

Toujours en 1978, on retrouve Moreau en Lévesque[3] dans un jeu-questionnaire où il reçoit quatre invités: Jacques-Yvan Morin (André Dubois), Claude Morin (Michel Desrochers), Pauline Julien (Louise Forestier) et Claude

---

1. Ce numéro est disponible sur le coffret DVD *Rétro Bye Bye,* volume 1.
2. Ce numéro est disponible sur le coffret DVD *Rétro Bye Bye,* volume 1 et sur YouTube.
3. Ce sketch est disponible sur le coffret DVD *Rétro Bye Bye,* volume 1.

Charron (France Castel), le tout sous le regard de Jacques Parizeau (Michel Forget) qui incarne l'arbitre, en quelque sorte. C'est un jeu-questionnaire portant sur l'option constitutionnelle. Lévesque termine en précisant : « Les référendums de l'histoire ont toujours été mal faits. Ils ont apporté des réponses confuses à des questions claires. Or, ce que nous voulons, c'est une réponse claire à une question confuse. »

Il a dû s'en donner à cœur joie, c'étaient les belles années politiques au Canada et au Québec. Il y avait de quoi faire des gags à profusion avec ces personnalités devenues personnages mythiques, comme Trudeau, Drapeau et Lévesque ! Évidemment, les réécouter aujourd'hui ne rend pas justice, selon moi. L'impact n'est plus le même, comme ce sera le cas si l'on revoit un sketch du *Bye Bye 2010* en 2045. Mais on voit l'importance des sujets, la qualité des imitations de chacun et la folie de ces années.

Moreau a également participé à plusieurs émissions et spéciaux télévisés, dont *Jeunesse oblige,* cette émission de variétés des années 1960 de Radio-Canada. C'est peu après son passage au Quidam de Sorel avec Charlebois, alors qu'il a 18 ans, qu'il est l'invité de cette émission, où on le présente ainsi : « Voici Jean-Guy Moreau. Comme la plupart des garçons de son âge, Jean-Guy est étudiant. La céramique l'a séduit et c'est à l'École des arts appliqués qu'il en apprend les rudiments. Mais Jean-Guy a une autre passion, celle d'imitateur. Un imitateur qui a l'originalité d'imiter uniquement ceux qu'on appelle désormais les chansonniers. » C'est en noir et blanc, forcément. J'ai eu tout un choc en visionnant cette archive. Voir son propre père à 18 ans est un peu troublant ! Sa voix est différente, son accent est prononcé, roulant bien les « r », il parle bien, articule lentement, posément. Si je n'avais pas eu l'image, je n'aurais pas été apte à dire que c'est mon père. L'entrevue dure une quinzaine de

minutes, au cours de laquelle Jean-Guy imite Charles Aznavour, Pierre Calvé, Claude Gauthier et Raymond Lévesque.
Certaines sont plus réussies que d'autres, mais on sent le
talent, on le voit, on le projette dans le futur. On voit aussi
Jean-Guy faire de la céramique. Belle plate-forme pour un
jeune artiste ! Mon père précise qu'il a participé à plusieurs
Jeunesse oblige au cours des années 1960.

Jean-Guy lors d'un passage à *Jeunesse oblige*, en septembre 1965.

J'ai aussi regardé *Super Dimanche,* cette émission
mensuelle des années 1970 sur les ondes de Télé-Métropole,
commanditée par Loto-Québec et Labatt, au cours de laquelle les tirages de la loterie avaient lieu. Yves Corbeil était
déjà le présentateur de la Super Loto ! Mon père anime
cette grosse émission, où des invités viennent participer à
des sketchs avec lui. Grâce à *Super Dimanche*, Jean-Guy a
acquis beaucoup d'expériences en tant qu'animateur.

Il a aimé ces expériences télévisuelles : « T'apprends
parce que tu travailles avec d'autres personnes qui ont une

autre forme de talent. Finalement, ils font le même métier, parce qu'ils recréent des images. Télévision, film, imitation, c'est recréer la vie. Une façon plus concentrée, plus drôle, plus dramatique. On est des recréateurs d'images.»

Par ailleurs, quand un artiste est aussi varié et participe à plusieurs sphères en même temps, il est tout à fait normal et légitime qu'on l'utilise pour faire de la publicité. Un nom comme Moreau, dans ces années-là, était vendeur. La publicité permet de payer les comptes, évidemment, mais aussi de faire d'autres choses avec des moyens souvent démesurés. Jean-Guy n'y a pas échappé. «Je voulais donner l'image de moi-même comme quelqu'un qui faisait plusieurs personnages. En trente secondes, je pouvais avoir quinze ou vingt personnages!»

En 1973, avec la mort d'Olivier Guimond, Labatt perd son porte-parole. L'entreprise engage alors Jean-Guy pour le remplacer et démarrer une nouvelle campagne publicitaire au Québec. Un nouveau concept est imaginé et un personnage est créé: Sam, avec le slogan: «Sam prend une 50.» Il est interdit de dire dans des publicités, à ce moment, «ça me prend ceci ou cela, ça me prend une 50.» Les concepteurs ont donc joué avec les mots, d'où l'idée de créer le personnage de Sam, qui prend une 50. Très fort! Jean-Guy fait les publicités pendant un an, sans qu'on le voie jamais à la télé! Le Sam en question est en fait la caméra, et on ne voit que ses bras, ses mains. Les tests sur public cible effectués par l'agence de publicité BCP avaient révélé que Jean-Guy n'avait pas l'air d'un buveur de bière! Problématique, quand quelqu'un est embauché pour faire vendre de la bière! Alors, BCP a gardé Jean-Guy, alias Sam, hors champ, et la campagne a été un grand succès.

En 1981, Jean-Guy fait une publicité pour Marantz (appareils électroniques, radios, télés), à la radio. À la suite de la diffusion de ces publicités sur les ondes de CKOI, les ventes augmentent drastiquement pour la compagnie. Les patrons sont si contents qu'ils offrent à Jean-Guy, outre son cachet de base bien entendu, la location gratuite d'un *camping-car* pour l'été. C'est l'été où mon père nous emmène, ma sœur et moi, aux Îles-de-la-Madeleine. Nous partons tous dans cette autocaravane, sur laquelle a été apposé un logo de Marantz. De ce troc, nous sortons, je trouve, grands gagnants! Vive la publicité!

À l'hiver 1982, Jean-Guy participe à une publicité pour Midas, dans laquelle il incarne plusieurs personnages connus qui se rendent au garage: René Lévesque, la Sagouine, etc. Les revenus provenant de cette pub ont payé un séjour d'une semaine à Disney World en Floride, pour ma sœur, mon père et moi! Encore une fois, vive la publicité!

S'il a offert sa voix pour plusieurs publicités, Jean-Guy en a également refusé plusieurs. «J'en ai refusé parce que je n'aimais pas le concept ou parce que je ne me voyais pas là-dedans. C'est la plus belle chose, dans mon métier, que de garder ce privilège de refuser des offres.»

LES FEMMES

« Je n'ai pas eu autant de blondes que j'ai fait de *shows*! » déclare Moreau en riant. Reste qu'il aime les femmes. Toutes, confondues. Il y a évidemment eu sa femme, ma mère. Mais plusieurs autres aussi. Avant et après.

Jean-Guy aime être en couple, aime être amoureux, sans pour autant aimer la vie commune. Force est de reconnaître qu'il a su bien s'entourer. Son choix est souvent fort judicieux! Et des femmes ayant partagé sa vie, aucune n'est semblable à une autre. Il y a eu, dans le désordre, une costumière, une serveuse, une dessinatrice, une docteure, une intervenante internationale, et j'en passe…

« J'aime les femmes autonomes! » dit Jean-Guy. Est-ce parce que la première femme de sa vie, sa maman, ne l'était pas? Peut-être que, pour avoir grandi dans une maison où la femme était soumise à son mari, Jean-Guy a choisi pour lui-même un autre genre de relations? Reste qu'il aime les femmes fortes. Les femmes de caractère.

D'âges variés, ces femmes ont su l'accompagner quelque temps. L'amour lui va bien, il devient plus calme, plus patient, léger, joyeux. « Les femmes m'ont fait pousser des ailes! » Il compare les hommes et les femmes à une commode: pour les hommes, c'est un tiroir à la fois qu'on ouvre, de temps en temps; pour les femmes, c'est le meuble en entier, tout le temps, tous les tiroirs peuvent s'ouvrir simultanément, et ils le sont la plupart du temps! «Deux sexes, une race humaine.»

Mais si l'amour lui va bien, jusqu'à maintenant, c'est le quotidien du couple qui semble l'avoir lassé. L'identité de l'individu versus celle du couple lui pose problème. Si lui préfère le lait 1 %, mais sa blonde, le 2 %, lequel acheter? Si lui préfère le beurre d'arachide crémeux au croquant, lequel mettre dans le garde-manger? S'il n'a pas envie de ramasser son linge sale et de le mettre dans la laveuse à un moment précis, pourquoi le faire uniquement pour ne pas entendre crier la blonde tannée de ramasser derrière lui? Ça peut paraître insignifiant, mais Jean-Guy a besoin de son identité propre, de sa routine, de son bordel, si tel est le cas, ou de son rangement maniaque dans un autre cas. Ayant vécu seul presque toute sa vie, il trouve difficilement sa place dans la même maison que l'élue de son cœur. Il a pourtant tenté de le faire à deux reprises, dont la première fois avec ma mère, Suzanne. La seule, d'ailleurs, qu'il a épousée.

Leur première rencontre a lieu au cours de l'année 1963. Suzanne a 19 ans, Jean-Guy, 20 ans. Comme plusieurs autres à l'époque, la jeune fille fait un voyage initiatique en Gaspésie et atterrit à Percé, chez le propriétaire du Saranac. La Gaspésie, à ce moment, est un lieu de retrouvailles pour jeunes en quête. Quête d'eux-mêmes, quête de sens, quête de vie. Plusieurs s'y rendent sur le pouce, en scooter, en vieille bagnole avec plusieurs copains, guitare au dos, pour aller voir la mer, souvent pour la première fois. Jean-Guy y est déjà avec des amis. Il joue de la guitare sur le bord de la mer, au coucher du soleil, en grillant des poissons sur un feu de plage.

Moreau a un péché mignon pour le beurre d'arachide. Il essaie toutes les marques, il les juge toutes. Il en préfère une: la York. Il s'avère que Suzanne a un pot de York dans ses valises. De son côté, Jean-Guy a pêché des morues et propose à Suzanne de lui en échanger contre le pot de beurre d'arachide. La jeune femme se considère comme grande gagnante de ce troc et accepte. C'est la première fois qu'ils se voient.

Rien d'étonnant, pour qui connaît Moreau, à ce que le beurre d'arachide ait influencé même sa vie amoureuse. Dire que Jean-Guy en a fait une obsession est un euphémisme! Il lui est arrivé de se rendre aux États-Unis, simplement pour se procurer quelques pots de sa marque préférée du moment. J'ai vu si souvent mon papa se faire des tartines de beurre de pinottes, sur le coin du comptoir, entre deux repas... Il est capable de discourir longuement sur les bons et mauvais côtés de chacune des marques sur le marché.

C'est donc grâce à ce fameux produit, tellement précieux, que mes parents ont fait connaissance! Mais Suzanne gravite dans le monde des artistes depuis toujours et connaît tout le monde. Elle est déjà très amie avec Frank Furtado, gérant et régisseur de plateau pour plusieurs artistes, dont Jean-Guy. Lors de l'Expo 67, Frank habite à Montréal, rue Ridgewood. Jean-Guy y a son pied-à-terre, lui qui réside alors officiellement à Saint-Marc-sur-Richelieu. Suzanne, qui a des problèmes avec son colocataire du moment, se retrouve à squatter l'appartement de Frank de temps en temps, celui-ci étant en tournée et lui ayant offert la place, quitte à la partager avec un coloc à temps partiel, Jean-Guy. Ce dernier et Suzanne deviennent amis. Jean-Guy dit de Suzanne : « *She was a happy girl!* »

Lorsque Frank part en tournée avec Nana Mouskouri en Europe, il cède son bail à Jean-Guy, qui délaisse son appartement de Saint-Marc. Suzanne demeure sa colocataire. Elle vit à ce moment une grande peine d'amour à la suite d'une séparation difficile avec un homme qu'elle aimait profondément. Jean-Guy lui change les idées, la divertit au maximum.

Durant l'été 1969, Suzanne part faire un tour en Europe pendant trois semaines. À son retour, elle découvre un Jean-Guy qui s'est bien ennuyé d'elle et qui lui a écrit une chanson. Dernièrement, ma mère m'a dit, quand je lui ai demandé de replonger dans son passé : « J'aimais tout ce que la vie était avec lui. » Une vie de spectacles, de sorties, de discussions avec des artistes, artisans, techniciens, producteurs, agents… Quant à Jean-Guy, il considère que Suzanne l'a ouvert, lui qui a toujours aimé sa passion et sa curiosité, et qui s'en est inspiré à plus d'une reprise.

Après quelques mois de fréquentations, Jean-Guy rencontre les parents de son amoureuse. Il les adore. Et ils le lui rendent bien. Mais on est alors en 1969, et les tourtereaux habitent sous le même toit sans être unis par les liens du mariage, ô sacrilège ! Le père de Suzanne, Candide, n'approuve pas, et sa mère, Denise, explique au jeune couple, un soir où tout le monde soupe à la maison familiale, que Candide ne supportera pas longtemps cette union illégitime. Candide vient de faire une thrombose et Suzanne ne veut pas se sentir responsable de le rendre encore plus malade. Suzanne est la seule fille de cette famille. Bien que ces années voient le début de l'émancipation des femmes, elle parle à Jean-Guy de mariage, pour calmer ses parents. Le soir même, alors que Candide dort depuis un moment, Jean-Guy et Suzanne montent à sa chambre, pour le réveiller, et Jean-Guy lui demande la main de sa fille. C'est l'euphorie dans la maison familiale !

Jean-Guy et Suzanne se marient donc le 18 novembre 1969. Un mariage civil, qui plus est. Un des premiers au Québec. Même le notaire ne savait pas trop comment procéder, n'ayant encore jamais officié ce genre de cérémonie.

Robert Charlebois est le témoin de Jean-Guy, et mon oncle Jacques est celui de Suzanne. Les parents de cette dernière sont absents de la cérémonie. Suzanne explique : « Dès que j'ai su que c'était Robert le témoin de Jean-Guy, j'ai demandé à mon frère d'être le mien. C'était trop décalé pour mon père d'être là, avec le Robert de l'époque, qui revenait tout juste de Californie. » En effet, le Charlebois post-Californie n'a plus rien de celui qui chantait Guy Béart à trois voix, quelques années plus tôt. La guitare électrique a remplacé la guitare sèche et le rock prend le pas sur tout. Candide et Denise étaient loin d'imaginer le mariage de leur fille unique dans un tel contexte. Suzanne ne voulait en rien les choquer plus qu'ils l'étaient déjà, et ils sont restés à la maison.

Le jour même, quelques heures avant le mariage, Jean-Guy réalise qu'il n'a pas de costume. Les futurs époux se rendent donc au Château, au centre-ville, pour trouver un complet pour le marié. De là, ils se rendent au bureau des unions civiles, qui se trouve rue Saint-Denis, coin Bellechasse. Suzanne, quant à elle, s'habille en noir. Elle a beau dire que c'est une robe magnifique, quand même… En noir ! Jean-Guy et Suzanne n'ont pas d'argent, et donc, pas d'alliances. La meilleure amie de Suzanne lui prête une bague, que Jean-Guy lui passe au doigt.

Les parents de Suzanne donnent la réception après le mariage, dans leur maison de Longueuil, bien qu'ils n'aient pas été présents à la cérémonie. C'est un compromis qui semble avoir satisfait tous les intéressés.

Il y a quelques années, Dompierre m'a brièvement parlé de cette époque où Jean-Guy et Suzanne étaient amoureux : « C'était quelque chose ! » Suzanne a tout un caractère, et Jean-Guy ne laisse pas sa place non plus. À la mi-vingtaine, ils devaient former un couple… comment dire ?… unique ? particulier ? haut en couleur ? atypique ? Selon Dompierre, c'était carrément un «couple impossible». En tout cas, ça ne pouvait pas être banal, c'est certain…

Donc, ils sont mariés. Jean-Guy a 26 ans, Suzanne, presque 25. J'aimerais bien reproduire ici des photos, mais imaginez-vous qu'aucune photo de ma mère n'a été prise. Aucune! Sur une image, on la voit de dos. Bravo au photographe!…

Charlebois, qui revient alors d'un voyage au Maroc, offre à Jean-Guy comme cadeau de mariage du haschisch marocain. Jean-Guy en consomme sur place, dans le boudoir chez mes grands-parents. Lorsque Candide passe par le boudoir, il trouve que ça sent très bon!

C'est un beau repas, joyeux et gai. Et le soir même, après la réception, Jean-Guy fait un spectacle au Patriote. «*No rest for the weary!*» dit-il. Il s'y rend, dans un état second, inutile de vous le dire… Suzanne et leurs amis assistent au spectacle, qui n'est pas le meilleur de Jean-Guy! Mais ils passent tous une belle soirée, en grande partie grâce au cadeau de Charlebois!

C'est Suzanne qui m'a raconté la journée du mariage. Quand j'en ai reparlé avec Jean-Guy, dernièrement, et que je lui ai rappelé le cadeau de son chum Robert et la consommation chez mes grands-parents, il s'est mis à rire et a dit: «Je ne m'en souviens même pas!» *Idem* pour Charlebois. Ce dernier ne fait que rire lorsqu'on évoque ce soir-là, et il commente: «C'est vrai que ça sentait bon, du hasch! J'imagine que son *show* était pas le meilleur de sa vie! J'avais oublié tout ça…»

Le mariage de Suzanne et Jean-Guy est donc entamé. Dès le lendemain de la cérémonie, Suzanne est mise au repos pour cause d'anémie. Ça commence bien!… Elle n'a toutefois pas besoin de Jean-Guy pour avoir un pied dans le milieu artistique. Elle est déjà amie avec à peu près tout le monde, est ouvreuse pour des spectacles tels que ceux de Ferland et Léveillée. Elle assiste à tous les spectacles de la Comédie canadienne. De plus, elle milite activement au sein du Parti québécois. Quelques années avant son mariage, elle rencontre René Lévesque, par l'entremise d'un copain journaliste de l'époque. Ils sympathisent et une amitié naît. Alors, lorsque Jean-Guy décide d'écrire son premier numéro sur Lévesque, Suzanne est là pour le guider. Elle qui vénère Lévesque ne laissera pas son mari dire n'importe quoi! Jean-Guy écrit le numéro *Pourquoi je n'imiterai pas René Lévesque*, le fait devant sa femme qui adore. C'est elle qui présente Lévesque à Moreau et affirme que le premier a adoré le numéro du second.

En 1970, quelques mois après le mariage, le couple achète, grâce à l'argent de Candide, une demeure à Rougemont, une belle grande maison ancestrale.

Jean-Guy devant la maison à Rougemont, 1971.

Il est évident pour les deux jeunes mariés qu'ils éliront domicile à la campagne. Ils ne possèdent qu'une seule auto. Suzanne se retrouve donc souvent seule à la maison,

Jean-Guy travaillant très fort. Ma sœur Véronique naît en janvier 1972. À partir de là, c'est un peu le désenchantement. Jean-Guy n'est pas présent et Suzanne n'est pas du genre à rester dans son coin, à attendre son époux. Par ailleurs, je dirai candidement que la fidélité n'est pas une priorité pour le couple. Tous deux batifolent chacun de son côté. Mais Suzanne tombe à nouveau enceinte suite à une nuit de retrouvailles avec son mari. Le fait que je sois une copie conforme de mon père enlève tout doute sur l'identité de mon géniteur !

Je suis donc conçue. Ma naissance est prévue pour le 22 juillet 1973. Suzanne décide de vendre la maison de Rougemont pour aller s'installer en ville, réalisant que l'isolement n'est pas son fort, avec déjà un jeune enfant à la maison et un deuxième en route. Ils achètent un appartement à Outremont. Suzanne prépare le déménagement, prévu en juin, et Jean-Guy joue son premier rôle dans un film, *Y a toujours moyen de moyenner,* de Denis Héroux. Le 22 juin, un mois plus tôt que prévu, Suzanne accouche, alors qu'elle est dans les boîtes jusqu'au cou et que Jean-Guy est en plein tournage.

LA VIE DE FAMILLE

Je nais, mais les problèmes du couple sont toujours présents. Ils tentent le tout pour le tout et partent tous les deux en Islande, histoire de se retrouver, de renouveler leur amour. Mais la fuite ne réglant que rarement les problèmes de couple, le voyage n'est pas concluant. Au retour, Jean-Guy reste très absent, fait des spectacles, des films, de la télé, voyage beaucoup de son côté. Il a 30 ans, mais n'a sans doute pas la maturité pour assumer les contraintes de la vie de famille. Suzanne, après trois années passées à Outremont (où elle obtient son permis de conduire, devenant donc plus autonome), décide de vendre la maison, éponge les dettes et part trois semaines en Europe, histoire de souffler un peu, nous laissant, ma sœur et moi, aux soins de Jean-Guy qui n'avait encore jamais passé autant de temps seul avec nous.

La maison d'Outremont, avant la vente, est d'abord louée aux artistes du Big Bazar, en spectacle à Montréal pour l'été. Quand Suzanne rentre de voyage, nous partons tous, avec notre père, à Cape Cod, pour passer les deux dernières semaines de notre vie avec nos deux parents. Je n'ai aucun souvenir de ces moments, je viens alors d'avoir 3 ans. À notre retour, Suzanne, Véronique et moi emménageons à Longueuil, dans un petit appartement. Jean-Guy, de son côté, part en Europe pour six mois. Et c'est le début d'une nouvelle période. C'est aussi le début de la réception d'une longue série de cartes postales, envoyées par notre paternel voyageur. Jean-Guy aime écrire, des cartes postales, des cartes d'anniversaire, des mots d'amour et d'amitié...

Carte postale de la rue Principale de Rouyn (la photo date des années 1950) :

« Val-d'Or, 1er mai 1976
Allo grosse Sophie! Regarde les vieilles automobiles et le vieil autobus du temps où papa avait 3 ans.
Je pense à toi et je t'embrasse.
Avec des caresses!
Jean-Guy »

Carte postale de la tour Eiffel, Paris :

« Paris, 11 mai 1977
Bonjour ma grosse Sophie!
À toi aussi je t'envoie la tour Eiffel. Ce n'est pas original, je sais mais
je voulais te la faire voir quand même. Je t'en rapporterai une dans mes valises.
Le bleu du ciel sur la carte, c'est pour tes yeux.
Caresses et becs.
Papa Jean-Guy »

Papa Jean-Guy signe ainsi plusieurs cartes pour ses deux puces, qu'il ne voit pas assez souvent... Il ne rate pas non plus une occasion de prendre des photos avec ses filles lors de leurs sorties en ville, passant par les photomatons dans les stations de métro, pour immortaliser le moment passé ensemble.

Juin 1977 et juin 1978.

Une chance pour ma sœur et moi, Suzanne reste à la maison, se concentrant sur notre éducation. Pour elle, la question ne se pose même pas, malgré le fait qu'elle est une féministe convaincue. Si elle a fait des enfants, c'est pour les élever. Elle ne retournera au travail qu'au moment où j'entrerai à l'école primaire. Nous habitons à ce moment à Saint-Antoine-sur-Richelieu. C'est une période idyllique pour ma sœur et moi. Grandir à la campagne est sublime pour nous. La vie est simple. La maison est belle et grande, le terrain, immense, les amis, nombreux. Jean-Guy nous rend visite de temps en temps. C'est toujours la fête pour moi quand il arrive à la maison. Il nous borde le soir. Véronique et moi dormons dans la même pièce la plupart du temps, même si j'ai ma propre chambre à côté. Jean-Guy nous fait faire l'avion, nous volons dans ses bras. Il chante des chansons, il fait des spectacles de lumière avec sa cigarette, la faisant tournoyer dans le noir de notre chambre ! (Oui, je sais qu'aujourd'hui, on appellerait la DPJ, mais voyez, nous ne sommes pas mortes et nous avons été grandement diverties !) Il compose une berceuse pour nous deux, qu'il nous chante lors de ses passages à la campagne :

85

Chaque soir
Est un beau soir
Quand vient le temps de dire bonjour aux rêves

Chaque soir
Est un beau soir
Quand une autre journée d'amour s'achève

Car la nuit
Qui vient déjà
Te prend par la main pour aller plus loin

Au pays des rêves doux
Ferme tes grands yeux
Et à demain matin

Pour la première fois en 1981, Jean-Guy emmène ses deux filles en vacances. Véronique, lui et moi partons cinq semaines, en autocaravane, aux Îles-de-la-Madeleine. Jean-Guy est amoureux des Îles depuis 1970, lors de son premier voyage pour un spectacle à Fatima, et s'y rend depuis aussi souvent que possible. Il nous a initiées à «ses îles», lors de ce premier voyage avec lui.

L'argent est au rendez-vous cet été-là, et Jean-Guy ne nous prive de rien. Je me souviens de cet été comme d'un merveilleux moment. Camping, cours de bateau à voile, équitation, trampoline, repas entre amis, balades à vélo, baignades, châteaux de sable, il a mis le paquet pour nous! Mais surtout, surtout, tout ce temps avec mon papa. Toutes ces heures, tous ces repas, tous ces dodos, tous ces jeux avec lui. Je suis une enfant comblée. C'est cet été-là que nous entamons une tradition de vacances avec Jean-Guy. À partir de là, il nous emmènera en vacances tous les étés, pour le reste de notre enfance.

Jean-Guy est un spécialiste des sandwichs. Les meilleurs au monde! Au cours de ces étés-là, je découvre ses talents cachés. S'il ne cuisine pas encore les plats les plus fins, ses repas du midi sont parfaits pour des enfants. Encore aujourd'hui, ma sœur parle de ces sandwichs avec l'eau à la bouche. « Je sais pas ce qu'il fait, dit-elle, parce que je pourrais prendre les mêmes aliments et en faire un sandwich, mais ça goûterait pas pareil. Je sais pas c'est quoi, sa *touch*, mais il a une *touch*! » Nous découvrons entre autres ses sandwichs au thon et ses *lobster rolls*, qui constituent les lunchs sur la plage. Toujours dans un pain hamburger, toujours une feuille de laitue « crounch » (communément appelée Iceberg!), et vive la mayonnaise! On pourrait en manger trois de suite!

Un été, alors que Véro et moi n'avons toujours pas habité avec notre père et ne le connaissons pas encore très bien, un incident nous le révèle sous un nouveau jour. Un midi, tandis qu'il fait la sieste sur le divan du salon, Véronique, sa copine Stéphanie et moi nous préparons à manger. Des petites pizzas sur pains pitas. Le four fonctionne au gaz, il est vieux, et il faut y jeter une allumette après avoir allumé le gaz. Ma sœur, à qui j'obéis sans discuter, me dit de mettre l'allumette à tel endroit. Elle et sa copine reculent doucement, en me suivant des yeux. Bien sûr, Véro avait tort! Je pose l'allumette directement sur le jet de gaz, et une explosion incroyable a lieu. Notre papa, qui dormait profondément, se réveille en sursaut, inutile de vous le dire! Moi, je crie, brûlée aux cheveux et à la main, et je cours vers le lac pour y plonger afin de calmer la douleur. Jean-Guy est furieux, du moins de notre point de vue. Il a sans doute surtout été apeuré par le bruit et par le danger potentiel de mon geste, pourtant innocent. Ce souvenir nous fait désormais beaucoup rire, ma sœur et moi, même si, sur le coup, le regard sévère de notre père nous avait fait craindre le pire. Il ne faut pas réveiller le papa qui dort! Du moins, pas avec une explosion à quelques mètres de lui!

Retour en ville

Quand Suzanne reprend le boulot, les déplacements sont longs pour aller à son bureau qui se trouve à Saint-Lambert. Nous déménageons donc à côté de son travail, à la fin de l'été 1982. Elle est agente de voyages, et le restera pendant plus de vingt ans.

À tout moment, Jean-Guy est toujours le bienvenu chez nous. Il n'y a pas de plan de garde partagée, ce concept n'existe pas encore. Mais nous voyons notre père de temps en temps. Il habite de son côté sur le Plateau, à Montréal, dans un petit logement de quatre pièces. Suzanne n'hésite pas à inviter Jean-Guy à Noël et aux anniversaires, afin que nous soyons régulièrement en contact avec notre père. Je lui dois une fière chandelle, à ma mère : sans son souci de nous, sans son acceptation de la situation, nous aurions vu notre père encore moins souvent, ce qui aurait été fort peu. Jean-Guy est le premier à reconnaître ses absences durant notre enfance et notre adolescence. Il m'a déjà dit que parfois il se mettait en route pour venir nous voir à la campagne afin de passer du temps avec nous, et qu'il rebroussait chemin. Non parce qu'il ne voulait pas nous voir, mais parce que de nous voir si peu et pour de si courtes visites était trop dur pour lui. Il préférait ne pas venir. Les quarante-cinq minutes de déplacement nécessaires entre son appartement et la maison de ma mère devaient lui donner le temps de comprendre qu'un samedi après-midi, par exemple, serait fort bref, après une absence de plusieurs semaines… C'était toutefois un cercle vicieux, car lorsque papa retournait à Montréal plutôt que de poursuivre sa route jusqu'à nous, il ne faisait que remettre à plus tard sa confrontation avec le problème évident que crée une absence parentale.

Quand les gens me disent à quel point il a dû être magnifique de grandir avec Jean-Guy Moreau comme père, je souris, car, sincèrement, je ne considère pas que j'ai grandi avec Jean-Guy. Il a été là de temps en temps. Il est mon père et je l'ai toujours adoré, vénéré. Mais son absence m'a été très difficile à supporter. Il m'est arrivé de le voir plus souvent à la télé qu'en chair et en os. Mais, bien sûr, nous ne manquions jamais un de ses spectacles, ma mère nous y emmenant à tout coup. Ma sœur et moi passions quelques fins de semaine chez Jean-Guy, dormant dans son lit, et lui, sur le divan. Ces conditions étaient loin d'être idéales, mais ce temps avec notre père était une denrée rare, et loin de nous l'idée de nous plaindre du manque de place ou de jouets chez lui. À défaut de jeux, il y avait des crayons et du papier en quantité industrielle! Jean-Guy aime dessiner et nous a toujours laissé le champ libre artistiquement. Les murs de sa cage d'escalier étaient fièrement couverts des dessins de ses filles.

Déménagées à Saint-Lambert, ma sœur et moi fréquentons l'école Royal George de Greenfield Park. L'année 1983, celle de notre 5e et 6e année du primaire, est particulière à Royal George. Les classes de 5e et 6e sont combinées, et un échange étudiant a lieu avec des élèves français originaires d'un petit village près de Paris, Méry-sur-Oise, le village en face de celui de Van Gogh, Auvers-sur-Oise. Pour amasser des sous, nous devons monter un spectacle, qui sera présenté à notre école avant le départ, ainsi qu'à l'école française, à notre arrivée là-bas. Ma mère propose à Jean-Guy, qui doit avoir un creux professionnel de quelques semaines, de monter le spectacle avec nous. C'est sûr qu'avoir l'aide d'un professionnel facilite les choses pour des gamins de 10 et 11 ans. Il compose le tout, après quelques séances de *brainstorming* dans la classe. C'est une comédie musicale, *La chaise magique*, qui raconte l'histoire d'une chaise qui nous fait voyager dans le temps et dans l'espace, pour rencontrer les pharaons d'Égypte et Cléopâtre, ou pour aller sur la Lune, pourquoi pas ! Nos costumes sont faits de sacs-poubelle verts, les décors, de chaises. La musique est composée par Mégo, rien de moins ! Jean-Guy et Mégo font les bandes sonores chez mon père, sur un clavier apporté par Mégo. Jean-Guy donne une place à chaque enfant dans la mise en scène et la répartition des rôles. C'est franchement agréable de « travailler » avec notre papa. Pour lui, ce fut plus ardu de travailler avec des enfants du primaire. Comme il me l'a expliqué, nous n'étions pas très ouverts à répéter nos textes et nos rôles ! Il a par contre constaté que si les enfants ne lui semblaient pas concentrés lors des répétitions, tout le monde a été professionnel le soir du spectacle. « Les enfants aiment ça le faire pour vrai. » Jean-Guy rédige le texte dans le programme de la soirée :

« Les élèves de madame Desrochers partent en voyage. Direction Méry-sur-Oise.

Un projet qui habite leurs têtes depuis déjà plusieurs mois.

Ce qu'il peut s'en passer, dans une tête qui rêve de voyage ! Comme, bien sûr, bifurquer de l'itinéraire planifié, en faisant un détour dans le temps, ou encore, une visite sur une autre planète ! Un voyage rempli d'accidents heureux ! ! Partir pour partir avec des chansons plein la tête et un cœur en forme de valise !

Leur moyen de transport ? Une chaise ! Une chaise en vacances qui voyage au gré de sa fantaisie. Il suffit pour ça… d'un peu d'imagination.

Jean-Guy Moreau »

Le spectacle est même couvert par la presse locale, dans le journal de la Rive-Sud. Voici un extrait de l'article, écrit par Odette Côté :

« Pour en revenir à la pièce de théâtre, soulignons que la première québécoise a eu lieu le 31 mai dernier. De l'avis de tous, ce fut tout à fait exceptionnel. "Les jeunes ont joué leur pièce d'une façon très professionnelle", de dire madame Dumont, de l'école Royal George. C'est d'ailleurs devant une salle comble que les jeunes se sont exécutés. »

LE CŒUR ET LES RAISONS

Deux ans après avoir aidé des enfants à monter un spectacle scolaire, Moreau se voit imposer une pause artistique. Un vendredi de fin de juin 1985, Jean-Guy prépare l'animation des cinq galas du Festival Juste pour rire avec Michel Drucker. Je viens tout juste d'avoir 12 ans lorsque ma mère m'annonce que mon père doit se faire opérer. Jean-Guy, depuis trois semaines, souffre de douleurs à la poitrine. Des crises d'angine. Après la troisième crise, il décide d'aller à l'hôpital pour comprendre ce qui lui arrive. Il aime savoir et comprendre. Rester dans l'ignorance n'est pas une option pour lui. Il se rend donc à l'Hôtel-Dieu, rue Saint-Urbain, un vendredi soir. Jean-Guy pense qu'il fait simplement de l'hypertension, mais il préfère aller consulter pour en être certain. Il passe un électrocardiogramme. Un cardiologue vient le voir avec les résultats et lui demande quels sont ses projets pour la fin de semaine. Jean-Guy n'a rien prévu, sinon de se reposer en vue du Festival Juste pour rire, qui est imminent. Le médecin lui suggère de rester à l'hôpital pour le week-end, aux soins intensifs, pour pouvoir le surveiller s'il fait une autre crise d'angine, et pour lui faire passer rapidement, le lundi suivant, une coronaro-graphie. Une radiographie des coronaires, des artères du cœur.

Mon père reste donc docilement à l'hôpital, aucune autre crise ne survient et, le lundi, il passe la coronarographie. Le médecin peut donc voir à quel endroit le sang a du mal à circuler dans les artères. Deux chirurgiens s'occupent de lui, deux spécialistes qui font des pontages depuis déjà dix ans. Lorsqu'ils lisent les résultats, ils lui expliquent que ses artères sont bloquées. Gravement bloquées. D'où la pression au cœur. Cinq des six artères du cœur. Il faut donc les débloquer, soit faire des pontages pour rétablir la circulation. Il faut dire que Jean-Guy a fumé deux à trois paquets de cigarettes par jour pendant plusieurs années. Sa première cigarette, il l'a grillée à l'âge de 9 ans. Un des médecins lui explique que les artères bloquées le sont à plus de 90 %. Plus de 90 % !! Comme dit mon père : «J'pouvais bien avoir mal à la poitrine!» Le médecin poursuit en disant qu'il est à deux semaines d'un infarctus. Les cardiologues rassurent mon père en lui précisant qu'ils ont fait environ 2 000 pontages depuis dix ans. Mon père les trouve sympathiques et leur fait totalement confiance.

Le rendez-vous en salle d'opération est pris pour le 4 juillet 1985. Jean-Guy contacte l'équipe de Juste pour rire, pour leur faire part de son absence du Festival. Il appelle ma mère pour nous avertir, ma sœur et moi. «Je cesse d'être inquiet aussitôt que je sais de quoi il s'agit. Ça me rassure de savoir ce que j'ai, même si c'est la pire des affaires. Parce que la pire des affaires pour moi est de ne pas savoir.»

L'opération est un succès. Le réveil est ardu, à cause de l'anesthésie générale. Jean-Guy a l'impression «d'être une locomotive qui aurait roulé dans le fossé deux ou trois fois». Quelques jours plus tard, il quitte l'Hôtel-Dieu pour se rendre à Villa Medica, un centre pour convalescents. Dans cet établissement, les allées et venues des visiteurs sont contrôlées, et aucun journaliste à potins ne peut entrer pour prendre une photo qui ne rendrait en rien hommage au sujet! Jean-Guy se sent vraiment bien et décide d'arrêter de fumer. Son cœur pompe l'oxygène comme s'il était neuf, alors qu'il a 41 ans.

Une semaine après l'opération, son cardiologue lui rend visite et trouve que Jean-Guy va bien, qu'il a bien vécu l'opération. Il lui rappelle de bien respirer, pour aider les poumons. Mais Jean-Guy se sent psychologiquement fragile et hésite à prendre de grandes respirations, ce qui cause une accumulation d'eau dans les poumons. Il doit retourner à l'Hôtel-Dieu.

Jean-Guy est pris en charge et se remet à bien respirer, à fond, et à tousser afin d'enlever les sécrétions dans les poumons. Il ne demeure que brièvement à l'hôpital avant de retourner quelque temps à Villa Medica. Dans les deux établissements, le travail des infirmières l'impressionne. « Ce sont des mamans, qui en donnent plus que le gouvernement en demande. J'ai vu des choses... Je les ai vues à l'œuvre. C'est le seul lien que tu as avec l'information pour rétablir ta confiance, ton espoir d'aller mieux. » Jean-Guy est ému en parlant de leur travail. Finalement, il rentre à sa maison de Saint-Lambert.

De retour chez lui, il se sent mieux que jamais. Après quelques semaines, il tond sa pelouse, sous les regards inquiets des voisins qui l'avertissent gentiment : « Monsieur Moreau ! Vous venez de vous faire opérer !! » Eh oui ! Mais il a envie de faire des choses, de bouger. Il se sent trop en forme pour rester inerte. Mais lorsqu'il se retrouve, quatre semaines après l'opération, au volant de sa voiture sur l'autoroute Métropolitaine, il comprend pourquoi les médecins conseillent aux convalescents comme lui d'attendre deux mois avant de conduire, et il réalise alors qu'il aurait dû attendre : « Tout allait trop vite ! » La convalescence se poursuit sans incidents, sans conséquences néfastes.

Jean-Guy prépare son retour. Il a manqué le Festival Juste pour rire, André-Philippe Gagnon a été la découverte de l'année avec son numéro *We Are The World*. Discussion typique de cette époque :

— Qu'allez-vous faire maintenant, monsieur Moreau ?

— Préparer un nouveau *show*.

— Mais il y a André-Philippe Gagnon maintenant !

— Euh, oui.

« Dans la tête des gens, André-Philippe m'avait remplacé. Moi, je me disais, quand Vigneault est arrivé, Jean-Pierre Ferland a continué à faire des chansons. Claude Léveillée aussi. Je vois pas pourquoi quelqu'un remplacerait quelqu'un d'autre. C'était la première fois de ma vie que j'étais interpellé par rapport au métier. J'entendais chaque semaine : "Qu'est-ce que vous allez faire maintenant ?" Pour les gens, subir une opération à cœur ouvert veut dire que t'as fait un infarctus. Encore aujourd'hui, vingt-cinq ans plus tard, les gens me demandent : "Pis, vot' cœur, comment ça va ?" »

Jean-Guy Moreau a été opéré le 4 juillet 1985. À l'automne de la même année, il anime le gala de l'ADISQ et, à la fin de janvier 1986, il remonte sur scène avec son spectacle *Chasseur de têtes*.

Le sang peut enfin circuler librement dans les artères. Les médecins, avant sa sortie de l'hôpital, recommandent à Jean-Guy d'aller à l'IRCM (Institut de recherches cliniques de Montréal) pour consulter un spécialiste du cholestérol, qui lui indiquera comment réduire son taux élevé.

Jean-Guy s'y rend à l'automne et rencontre la docteure Ghislaine Roederer, qui est l'assistante du spécialiste en question. On lui prescrit un médicament à prendre chaque jour, une poudre à dissoudre dans un verre d'eau, pour faire baisser son cholestérol. Le produit a mauvais goût, et Jean-Guy termine la bouteille, mais ne poursuit pas davantage le traitement. Il se concentre sur son nouveau *show*, tout se passe bien, et il se sent toujours en forme.

LA COHABITATION FAMILIALE

Un an après son opération, en 1986, mon père demande à ma mère de nous avoir à temps plein, alors que ma sœur et moi étudions à l'école privée de Saint-Lambert. J'ai 13 ans, ma sœur, 14. Je suis sincèrement enchantée. Enfin, je passerai du temps avec mon papa! Ma mère accepte, très généreusement, de nous céder à lui, sachant que nous avons besoin de mieux connaître notre père. Il a quitté son appartement à Montréal pour acheter une maison à Saint-Lambert, à quelques rues de notre école.

Jean-Guy ignore alors tout des besoins des enfants. Sa maison est pratiquement vide. Aucun meuble pour nos chambres, mais une porte de garage automatique est installée rapidement! Ma mère s'occupe de meubler du nécessaire nos grandes chambres à coucher.

Mon père écrit à ce moment un nouveau spectacle, *Chasseur de têtes*, qu'il lance à la Place des Arts en octobre.

Je me revois dans le salon, le soir, à lui faire apprendre son texte. Assise sur le divan, face à mon père, je tiens le texte entre mes mains, il me le fait *live* et je dois le reprendre lorsqu'il se trompe. Ces soirs-là, étrangement, le couvre-feu n'est pas important! Je n'ai pas à me coucher à 22 h. Le temps n'existe plus lorsque Jean-Guy travaille. J'ai appris son spectacle par cœur et, le soir de la première, je le murmure du bout des lèvres, sachant exactement où mon père fait une erreur, ce qu'il oublie de dire, ou ce qu'il change sur le moment. Encore à ce jour, lorsque j'entends les chansons de Renaud, de Cabrel ou de Lavoie, que mon père parodiait dans *Chasseur de têtes,* je les chante avec les mots de mon père, et non avec les paroles originales !

Mais vivre avec un artiste, pour une adolescente, c'est vivre avec un absent. Les spectacles ont lieu le soir. La semaine comme la fin de semaine. Je rentre de l'école, mon père est parti, il y a 20 $ sur le comptoir pour commander notre repas du soir. Je fais mes devoirs seule, j'appelle ma mère pour les questions difficiles, je me brosse les dents, je me couche. Le lendemain matin, alors que je me prépare à aller à l'école, mon père dort parce qu'il est rentré tard après son spectacle. Et rebelote le soir même ! Après deux mois, je veux retourner chez ma mère. Bien que Jean-Guy ait eu la volonté de nous prendre avec lui, de nous élever, il n'avait aucune idée de ce que cela impliquait au quotidien. Pour moi, cela a été extrêmement difficile à vivre. Je me souviens très bien de ce sentiment d'abandon. De cette solitude, alors que j'étais là où j'avais toujours désiré être, avec mon papa.

Je reste tout de même chez Jean-Guy jusqu'à la fin de l'année scolaire. Alors qu'à l'automne il passe trois semaines à la Place des Arts, à l'hiver s'annonce une tournée québécoise. Il ne s'agit plus d'absences d'une soirée, mais bien de plusieurs jours de suite. L'Abitibi, la Côte-Nord, la Gaspésie, ce n'est pas à la porte. Je vois mon père plus souvent à la télé et sur les affiches annonçant son *show* qu'à la maison. Se retrouver à la station de métro Berri est troublant pour Véronique et moi, car d'immenses affiches de notre père y sont installées dans un corridor où nous devons passer obligatoirement. Et c'est par trois que les affiches sont placardées ! Jean-Guy Moreau, *Chasseur de têtes,* en format géant, juste à côté de nous !

Encore une fois, ma mère réussit à améliorer notre sort, même loin de son propre toit. Vingt dollars sur le comptoir pour souper, ça peut paraître amusant pour des ados. Ce l'est. De temps en temps. Mais après avoir fait le tour de l'Italien, du Chinois et du St-Hubert du coin, je commence à être sincèrement écœurée de manger du *fast-food*. Ma mère propose à mon père d'engager une jeune femme de sa connaissance, Josée, pour nous préparer les repas du soir, les lunchs du lendemain et s'assurer que nous faisons nos devoirs et nous couchons à une heure convenable. Ce qu'il accepte. Josée assure alors les tâches quotidiennes quand Jean-Guy est en spectacle. Hors de ces périodes, il est plus présent. Quand il est à la maison, mon père cuisine, oui. Mais peu. Ses spécialités : sauce à spaghetti (toujours légendaire aujourd'hui!), poulet rôti aux pommes, petite pizza sur pain pita. Et des cretons, dans le temps des fêtes. Ce fut une année chargée de spaghetti, de poulet et de cretons, je peux vous le dire!

Les absences de mon père sont trop lourdes à porter. Ainsi, dès que ma deuxième année de secondaire est terminée, je retourne vivre avec ma mère, alors que ma sœur, très à l'aise à l'idée d'être laissée à elle-même, reste chez Jean-Guy.

Ce n'est qu'à l'adolescence que j'ai réellement découvert les avantages et les inconvénients d'être la fille de Jean-Guy Moreau. Un soir, mon père m'appelle chez ma mère. J'ai alors 14 ans. Il me dit qu'il vient me chercher car il a une surprise pour moi chez lui. Même si c'est un soir d'école, je me rends à la résidence paternelle, et j'y découvre nul autre que Renaud, le célèbre chanteur français!!! On est en 1987, Renaud est au sommet de sa gloire et j'écoute ses disques fréquemment. Je passe alors la soirée en sa compagnie, avec mon père et ma sœur. Ma sœur me rappelle que nous avons écouté le magnifique film d'animation *L'homme qui plantait des arbres* de Frédéric Bach, tous les quatre assis dans le salon. Il y a des mercredis soir pires que ça! Les avantages et leurs revers sont ce qu'ils sont: utiles ou pervers. Parfois les deux en même temps! Mais si les autres étaient impressionnés du fait que mon père était Jean-Guy Moreau, je les ai parfois enviés d'avoir des parents «normaux».

Je n'ai cohabité avec mon père qu'une seule année, préférant la routine avec ma mère, la présence constante qu'elle me procurait. Ma sœur, qui cohabite avec lui le restant de son adolescence, vit sa relation père-fille de manière intense. Ils se chicanent beaucoup. Ma sœur aime le pousser, voir où sont ses limites. Mon père, lorsqu'il est à la maison, peut être très sévère, et pas du tout comique! S'il n'est pas content des notes scolaires de ma sœur, il le lui fait savoir par son bulletin aimanté au frigo, encerclé de son crayon rouge. S'il voit sa fille se préparer à sortir un soir d'école, il la réprimande et la prive de sorties. Véronique lui fait comprendre qu'il ne peut pas être père à temps partiel. Quand il est absent, semaine comme fin de semaine, Véro fait ce qu'elle veut. Quand il est là, il fait de la discipline. Tiens tiens…, ça me rappelle quelqu'un, ça… Mon père avait-il oublié comment lui-même se sentait quand son propre père faisait de la discipline?… Ma sœur lui explique que c'est tout ou rien. Et Jean-Guy lui répond, humblement, qu'il n'y a pas de recette pour être père, qu'il apprend chaque jour, à chaque événement. Qu'il fait de son mieux.

En effet, mon père a appris chaque jour un peu plus à être un père. Et à être un bon père. Car c'est bel et bien ce qu'il est devenu. Si j'ai pesté contre ses absences jusqu'à l'âge adulte, je ne puis que lui lever mon chapeau pour son apprentissage. Combien de parents ne changent pas, n'évoluent pas? J'ai eu la chance d'avoir un père capable de reconnaître ses erreurs et de tenter d'y remédier.

Derrière l'artiste et le père, il y a l'homme. Ce n'est qu'avec l'âge que j'ai aussi appris à réellement connaître Jean-Guy. Ce n'est qu'une fois adulte que j'ai réalisé à quel point mon père est un grand timide. C'est pourtant le cas de bien des artistes, et c'est généralement encore pire chez les humoristes. Les gens pensent que les artistes sont de grands extravertis qui n'ont peur de rien. Je dirais plutôt que les artistes sont de grands introvertis qui ont choisi d'affronter leur peur en montant sur scène. Jean-Guy est réservé et doute énormément de lui-même. Bien sûr, après cinquante ans de métier, il ne doute pas de ses capacités à faire des spectacles, ni à réussir des imitations. Il a bien compris qu'il en est capable! Par contre, il doute de sa pertinence, de sa popularité, de l'amour du public. Il peut paraître froid ou distant pour quiconque le connaît peu. Ce n'est pas de la froideur, mais réellement de la timidité.

Robert a déjà parlé des multiples talents de son ami de toujours. Moreau avait prévu une carrière d'artisan, de céramiste, peut-être de peintre. En fait, il en rêve encore, de ce peintre caché au fond de lui, mais l'incertitude qu'il a de son talent l'amène à réfréner ses ardeurs. Il a pourtant toujours dessiné sur des bouts de papier, de napperons dans les restaurants, des cahiers de dessin. Il a le sens des couleurs, des contrastes, des traits. Dans son appartement, on peut voir quelques reproductions qu'il a faites de son peintre préféré, Milton Avery. Son talent d'imitateur lui rend service autant sur scène que devant un chevalet! Mais il ne fait pas que des reproductions: Moreau a aussi réalisé les illustrations du livre *À tort et à travers,* qu'a écrit son ami Pierre Létourneau, paru en 2004 chez Lanctôt éditeur. Ce livre contient des nouvelles écrites par Létourneau et imagées par Jean-Guy à partir de mots inusités, comme flagorneur, ersatz, limbes, pactole, souvent mal utilisés dans la langue de tous les jours.

Esquisse de Gilles Vigneault, dessinée par Jean-Guy sur un napperon de restaurant.

Jean-Guy a développé très rapidement le côté droit de son cerveau, celui de la création. Et il ne s'en sert pas que pour la création artistique ! Un des traits de la personnalité de Jean-Guy que je préfère est son côté bricoleur. Rien n'est à son épreuve à la maison lorsque quelques retouches, petites ou grandes, sont nécessaires ! Un de ses grands plaisirs, c'est lorsqu'un de ses enfants emménage dans un nouvel appartement (ce qui est très fréquent !), et qu'il doit venir fixer des tablettes, refaire des comptoirs, confectionner un îlot à la cuisine, installer une lampe au-dessus de la table de la salle à manger. Son coffre à outils est impressionnant. Il adore se rendre à la quincaillerie pour trouver la bonne vis, le bon écrou, le quart-de-rond parfait, la scie idéale. Je le revois, lorsque j'étais ado, feuilleter la circulaire de Canadian Tire les fins de semaine, page par page, attentivement, mouillant son doigt pour tourner la page... Cela m'a toujours fait rire ! Il nous a équipées, ma sœur et moi, lorsque nous avons quitté le foyer familial. Un coffre à outils est un objet précieux pour Jean-Guy. On ne badine pas avec les outils ! Tant qu'à acheter un marteau, aussi bien mettre quelques dollars supplémentaires pour avoir le bon marteau. Il m'a fièrement offert, il y a plus de quinze ans, une perceuse. Je l'ai encore à ce jour ! Il nous a appris à mettre la vis dans du savon pour qu'elle ne surchauffe pas en entrant dans le mur. Il nous a appris à mettre un quart-de-rond sous une tablette pour la solidifier. Et ce qu'il aime plus que tout, ce sont les défis de rénovation, de construction. Je cite ma sœur à ce sujet : « Plus il y a de restrictions, plus c'est intéressant pour papa ! » En effet ! Lorsque ma sœur a voulu avoir un îlot dans sa cuisine, mon père était avec elle du début à la fin. Véronique n'avait pas les moyens, à ce moment, d'acheter quoi que ce soit à la quincaillerie, alors père et fille ont fait les ruelles à la recherche de bouts de bois, de métal, d'objets susceptibles d'aider à la confection. Et l'îlot a été conçu, réalisé entièrement de matériaux recyclés et gratuits !

Ma sœur et moi avons donc bénéficié et hérité du bricoleur en Jean-Guy. Mais notre père est aussi un «listeur». L'amour des listes. Des listes d'épicerie, des listes de livres à lire, des listes de choses à faire, des listes de gens à appeler, des listes d'outils à acheter, des listes, des listes, des listes! C'est très drôle de voir sa concentration tandis qu'il fait une liste. Il prend un stylo ou un crayon HB, et il dresse sa liste, la plupart du temps sur un petit carton rectangulaire. Il est tellement concentré! Très souvent, c'est un dessin, au lieu du mot, qui prend place sur le carton. Certaines de ses listes sont de vraies œuvres d'art! Faire l'épicerie de mon père avec la liste qu'il m'a donnée me procure un plaisir immense! Les produits sont mis en ordre de rangée d'épicerie! Je n'en croyais pas mes yeux, lorsque je l'ai réalisé. Méthodique. Ordonné. Mon père me fascine!

Une autre information qui peut surprendre: Jean-Guy Moreau n'est pas amateur de jet-set, loin de là! Il ne traîne pas de lancement en lancement, de première en première, de gala en gala. Il va aux lancements de disques qui l'intéressent. Il assiste aux spectacles qu'il veut réellement voir. Lorsque, en 1987, son spectacle *Chasseur de têtes* est en nomination, à l'ADISQ, pour le Félix du meilleur spectacle d'humour, Jean-Guy est dans son salon et regarde le gala à la télé. Bon, ce soir-là, il aurait peut-être dû y être, car il a remporté le trophée! Mais puisqu'il était certain qu'il ne gagnerait pas, il est resté chez lui, seul.

Tellement pas jet-set, le Jean-Guy, que c'est une amie qui m'a téléphoné pour m'apprendre que mon père avait reçu la médaille de l'Ordre du Canada! Incroyable! Je ne l'ai pas cru, alors je me suis jetée sur un quotidien montréalais, dans lequel un article m'a confirmé les dires de ma copine. J'ai ensuite appelé mon père pour valider doublement l'information. Je ne pouvais pas croire qu'il ne me l'avait pas dit! Sacré papa!

Une des grandes passions de Moreau est la langue française. Il a toujours eu le souci du bon mot. Et pour trouver à tout moment le bon mot, il fait appel aux multiples ouvrages de références qui trouvent place dans sa bibliothèque : Dictionnaire de rimes, de synonymes, d'antonymes, de symboles, le *Petit Larousse*, le *Robert*, le dictionnaire des noms propres, des noms communs, des expressions, des proverbes, anglais-français, étymologique, visuel, de médecine, des médicaments, des canadianismes, des mots rares, des interprètes, de la langue québécoise, des cooccurrences, du cinéma québécois, des américanismes, des mots sauvages, des idées suggérées par les mots, des mots inconnus des dictionnaires, des noms et lieux du Québec, des régionalismes du français parlé des Îles-de-la-Madeleine, et j'en passe... Faire un cadeau à Jean-Guy est un jeu d'enfant, il s'agit simplement de trouver un dictionnaire original. Tout l'intéresse.

UN TROISIÈME ENFANT

À la fin des années 1980, mon père se trouve un soir à son restaurant préféré, feu Da Pizzettaro, à côté du Latini, près du complexe Desjardins. La docteure Roederer y est aussi, et elle s'approche de mon père pour lui faire remarquer qu'il n'est pas venu à l'IRCM depuis longtemps. Jean-Guy lui explique qu'il trouve la poudre médicamentée bien mauvaise… Elle lui dit qu'un nouveau médicament est maintenant disponible, et qu'il devrait vraiment passer à l'Institut. Mon père, qui aime les femmes et qui trouve déjà la docteure Roederer de son goût, se laisse rapidement convaincre. Si le médecin avait été un homme, je me demande avec quelle rapidité mon père se serait rendu à l'Institut… «Quelle belle excuse pour la revoir! Emmènes-en des pilules!… Un vrai gars. J'y suis allé le lundi matin, j'ai mis ma plus belle chemise. C'est elle que j'allais voir, même si je devais passer une prise de sang.» De consultation en consultation, Jean-Guy l'artiste est encore plus séduit par Ghislaine la scientifique. Il l'invite à souper, et le voilà qui entre dans un univers plus sérieux, ce qui lui plaît. «Il y avait quelque chose dans l'air.» Ils se fréquentent plusieurs mois, et l'attirance réciproque se confirme, la chimie est bel et bien là. Jean-Guy est spontané dans cette nouvelle relation et il aime ces moments en sa compagnie. «C'est la découverte. Elle venait chez moi, je lui apportais des fleurs, ça se poursuivait.»

En février 1991, Ghislaine lui apprend qu'elle est enceinte. Elle lui dit du même coup qu'elle veut un père pour cet enfant, il n'est donc pas question pour elle de mener sa grossesse à terme si Jean-Guy ne souhaite pas que leur relation de couple devienne une relation familiale. Jean-Guy a 48 ans. Ma sœur et moi avons 18 et 19 ans. Il n'avait pas prévu ça. Il demande vingt-quatre heures pour y réfléchir. «J'ai douze ans de plus que Ghislaine et j'avais déjà deux enfants. Je savais ce que ça représente.» Mais il revient chez elle seulement quelques heures plus tard pour lui dire qu'il embarque. «*Let's go baby, all the way*! Je suis entré dans cette relation-là joyeux et heureux.»

Jean-Guy vend sa maison de Saint-Lambert et achète avec Ghislaine une maison à Brossard. Là débute l'époque de la vie de mon père que j'appelle Twilight Zone. Et je dois avouer que cette nouvelle vie rangée semble aussi bien étrange aux yeux de ses amis… Il emménage à Brossard. Il se défait de sa BMW pour acheter une fourgonnette américaine. Il a une piscine creusée sur son terrain et calcule le pH de l'eau chaque semaine.

Alors qu'Antoine, le nouvel enfant du couple, n'a que cinq mois, une épidémie de méningite frappe le Québec. Nous sommes en 1992. Certains bébés en meurent. Antoine contracte la maladie. Il entre au Children's Hospital, rue Tupper, près du Forum, et passe une semaine aux soins intensifs, entre la vie et la mort. Puis, trois semaines en chambre normale, entouré de trois autres enfants malades. Jean-Guy et Ghislaine sont toujours de garde à l'hôpital. Ils se relaient, passent beaucoup de temps avec lui, lui offrent une présence touchante. Dès qu'Antoine sort des soins intensifs, ma sœur et moi sommes aussi présentes. Toute la famille s'arrange pour que jamais, jamais le bébé ne soit seul. Il atteint l'âge de six mois à l'hôpital, alors qu'il est branché à tant de fils, de solutés, étendu dans son petit lit, démuni de sa santé. C'est insupportable de voir un bébé malade…

Heureusement, toujours entouré de gens qui l'aiment, Antoine guérit et se remet. Il ne garde aujourd'hui aucune séquelle de sa maladie. Et il se porte à merveille.

Jean-Guy, conscient de ses absences avec ses filles, tient à apprendre de ses erreurs et à être présent pour son fils. C'est Jean-Guy qui, la plupart du temps, s'occupe des tâches quotidiennes : couches, biberons, berceuses le soir, lecture d'histoires, préparation de la boîte à lunch, garderie, école, courses, etc. Il est papa à part entière, cette fois-ci.

Antoine et Jean-Guy en tête-à-tête, 1995.

Jean-Guy et Ghislaine font vie commune pendant plus de six ans. C'est la plus longue relation qu'il ait eue avec une femme. Mais ça ne tient pas plus. Séparation difficile. Antoine a alors 6 ans et est déboussolé. Lui qui a toujours eu son père dans sa vie, chaque jour ou presque, entame une vie qui ressemble alors plus à celle de ses grandes sœurs. Je me rappelle un soir où je le gardais : l'heure du dodo venue, je le couche dans le lit de sa mère et lui raconte une histoire. Il ne veut toujours pas dormir et me demande de lui chanter une chanson. Aucune mélodie ne me venant en tête à ce moment, trop nerveuse à l'idée de décevoir mon frère, j'entonne alors la berceuse que papa nous chantait quand nous étions petites. «Chaque soir est un beau soir…» Antoine me dit alors : «Mon père me chante cette chanson-là!» Je lui réponds que son père et le mien, c'est le même! Il me demande alors : «Pourquoi papa n'est pas là?» Mon cœur se fend en deux. Comment répondre à cette question qui m'a hantée pendant toute mon enfance?! Je tente de lui expliquer la situation du mieux que je peux, je lui dis que papa l'adore. Antoine connaîtra à son tour une période difficile, mais, deux ans plus tard, Jean-Guy se réinstalle sur le Plateau, et a son fils avec lui un week-end sur deux, ainsi que tous les mercredis soir.

La relation d'Antoine avec sa mère, pour diverses raisons, devient difficile pour lui à l'adolescence. Pour tenter d'alléger l'atmosphère, Jean-Guy décide de le prendre avec lui à temps plein, ce qu'il n'avait jamais fait depuis sa séparation d'avec Ghislaine. Père et fils habitent donc ensemble pendant deux ans, dans le loft de Jean-Guy sur le Plateau, alors que mon frère fête ses 16 ans. Jean-Guy est un père très présent pour son fils. Il lui laisse aussi beaucoup de liberté. Il le responsabilise du mieux qu'il peut. Mais lorsque Antoine, qui a alors 18 ans, est expulsé du cégep, Jean-Guy n'hésite pas. Tant que ses enfants vont à l'école, il paie, finance, fait son travail de père. Le jour où l'école ne fait plus partie de notre quotidien, *we are on our own*!

Jean-Guy a 55 ans lorsqu'il se sépare de la mère d'Antoine. La déception est immense, la désillusion l'est encore plus. Une période fort difficile s'amorce alors pour lui. Il laisse la maison à Ghislaine et à leur fils le temps de la vendre, et, avec très peu d'argent en poche, il part habiter chez un ami à Montréal.

Un soir de 1998, Jean-Guy, au cours d'un congrès quelconque, se retrouve assis à la même table que la rectrice de l'UQÀM. Celle-ci lui demande où il a fait ses études, et Jean-Guy répond humblement qu'il n'a pas fait d'études. Qu'il a fait les arts appliqués, mais pas de cours classique, pas d'université. La rectrice lui explique que, s'il en a envie, il peut s'inscrire à l'UQÀM et suivre le cours de son choix. Jean-Guy est étonné d'apprendre qu'il pourrait entrer à l'université. Le fait de ne jamais y avoir mis les pieds lui a toujours causé un certain embarras. Il répond à la rectrice qu'il n'a même pas passé son cours de mathématiques de 11ᵉ année, et celle-ci lui explique gentiment que cela n'a plus rien à voir ! Son expérience de vie lui servira bien plus que ce fameux cours raté quarante ans plus tôt ! Ébahi, Jean-Guy accepte l'offre et rencontre quelques jours plus tard le responsable des inscriptions des adultes, un certain monsieur Parent. Ce dernier ouvre alors un grand cartable et lui présente toutes les possibilités qui s'offrent à lui. Géographie ? Littérature ? Économie ? Histoire ? Jean-Guy, qui est en train de redessiner sa vie personnelle à ce moment, opte pour un cours d'histoire sur la Renaissance, trouvant le sujet fort à propos.

Le voilà tout excité ! Avec sa carte d'étudiant en poche, il se promène dans les couloirs de l'UQÀM, fasciné de se retrouver là. Lui qui a haï l'école durant toute sa jeunesse travaille alors sans doute bien plus fort que les autres étudiants. « Ç'a changé ma vie ! » Il obtient des résultats plus qu'honorables ; pour une fois, les notes sont au rendez-vous ! « Mes fins de semaine, je les passais à lire, à travailler. Je me demandais comment faisaient les autres, car moi, j'avais juste un cours ! Samedi et dimanche, je passais mon temps là-dessus ! Je faisais de la recherche dans les bibliothèques, dans les livres. Je ne connaissais pas encore Internet. J'ai aimé ça beaucoup. »

Mais pour y arriver, à ces notes, Jean-Guy doit apprendre à maîtriser le traitement de texte. Il n'a jamais remis de travail écrit sur ordinateur avant cela. Il n'a jamais appris comment fonctionne le logiciel Word. Il ne sait pas faire une bibliographie. Il ignore tout des notes en bas de page. Faire une table des matières, c'est pratiquement du chinois pour lui.

Alors que je travaille à temps plein à Juste pour rire comme programmatrice et productrice, je vois débarquer mon papa dans les bureaux du Festival, livres en main, sac d'étudiant sur l'épaule, avec mille et une questions. Je l'installe alors à un ordinateur proche du mien, et lui en apprends les rudiments. « C'est une révolution pour moi, dira-t-il. Parce que j'ai commencé à écrire mes propres textes en même temps. La beauté d'un texte écrit vu sur écran, c'est comme un livre ! Ça m'a excité au point où je me suis mis à écrire des nouvelles, des textes de chansons. J'écris encore. » Je suis extrêmement fière de lui à ce moment. Avoir le courage de retourner à l'université à 55 ans, alors que sa vie personnelle est en lambeaux, c'est plus qu'honorable. « L'école m'a occupé, m'a donné confiance. Au lieu de prendre une brosse, je suis allé à l'université. Et j'ai aimé ça. Ç'a été une belle connexion. C'est ma curiosité qui m'a emmené là. C'est un beau moment de ma vie. »

En effet, à 30 ans, il serait sans doute allé prendre une cuite pour se remettre d'un divorce, mais il a démontré que, oui, on apprend en vieillissant, on peut évoluer. En tant qu'homme, il a bien performé à ce moment-là. En tant que père, il a su nous donner (sans le programmer, sans le décider) un modèle digne et fier. L'humilité est selon moi une des plus belles qualités. Jean-Guy sait en faire preuve dans des moments difficiles, et de plus en plus en vieillissant.

LE FESTIVAL JUSTE POUR RIRE

C'est en 1983 que le Festival Juste pour rire voit le jour. Jean-Guy et Serge Grenier en sont les premiers animateurs. Les galas ont déjà lieu au Théâtre Saint-Denis, mais n'ont pas encore l'ampleur que nous leur connaissons aujourd'hui. Le premier spectacle au Saint-Denis est en fait un hommage à Charles Trenet. Les artistes invités (Normand Brathwaite, Robert Charlebois, Julien Clerc…) entonnent des grandes chansons de Trenet, et Jean-Guy imite les artistes français et québécois, absents, qui ont ou auraient pu chanter du Trenet (Yves Montand, Raymond Lévesque, etc.). Le deuxième soir du Festival, le tout premier gala est animé par Moreau et Grenier. Des galas du même type reviendront année après année au Saint-Denis. Ce soir-là, Jean-Guy fait pour la première fois son imitation du maire Jean Drapeau. Depuis le jour où il a fait ce numéro, écrit en collaboration avec son complice scripteur Jean-Pierre Plante, Jean-Guy est associé au maire Drapeau.

Le troisième gala Juste pour rire est animé par Yvon Deschamps, un gala auquel participent autant d'Européens que de Québécois, et pendant lequel Jean-Guy a l'occasion de présenter le fameux Jacques Villeret, grand acteur français aujourd'hui décédé. Le dernier soir de cette première édition du Festival est présenté le premier d'une longue série de spectacles d'adieu de Charles Trenet.

La magie du Saint-Denis est indéniable. L'effervescence d'un festival est magique et enivrante. «Ce fut un
franc succès, c'était plein à ras bord. La machine est partie à
ce moment-là», raconte Jean-Guy.

Yvon Deschamps et Jean-Guy en Jean Drapeau, 1983.

Le Festival, qui n'a duré que quatre jours en 1983, revient en force l'année suivante. Jean-Guy anime les quatre
galas au Saint-Denis en compagnie de son collègue français,
Thierry Le Luron. Jean-Guy se rend en France quelque
temps avant le Festival, pour rencontrer son coanimateur et
préparer des numéros. Le Luron est le Moreau français. Ils
sont les premiers à faire de grands spectacles d'imitations,
chacun sur son continent. Jean-Guy, en vue du Festival,
conseille Le Luron sur les imitations et les textes à faire à
Montréal. Un de leurs numéros, en cet été 1984, présente
Le Luron en Mitterrand, alors président de la République,
et Moreau en René Lévesque[4]. Mon père a réellement
apprécié son travail avec son collègue français. «Le Luron
a la cote au niveau de la rigueur, de la hauteur du texte.

---

4. Ce numéro est disponible sur YouTube.

116

Il mettait sa main entre l'arbre et l'écorce. C'est un gars d'un talent fou et d'une rigueur, d'une exigence qui dépassait la mienne. J'aimais la hauteur de son humour, qui n'a jamais été égalée par la suite.» Il y a bien sûr une certaine compétition entre Moreau et Le Luron. Qui fait le meilleur Yves Montand? Qui fait le meilleur Serge Lama? Je ne suis pas objective, mais à mon avis, mon père a remporté la victoire dans le duel de Montand. Par contre, Jean-Guy reconnaît que le Lama de Le Luron était dix fois supérieur à son Lama à lui. «Il avait moins peur que moi d'être méchant. Ça m'a enseigné des choses de voir les autres travailler.»

Cette année-là, Jean-Guy présente, entre autres, un jeune imitateur inconnu du nom d'André-Philippe Gagnon, qui exécute son premier numéro, un an avant le fameux *We Are the World*. C'est aussi l'année où Pierre Verville et Daniel Lemire font leurs premiers numéros. «C'était encore quelque chose en construction, c'était magique! Jean-Pierre Plante était en coulisses et composait la présentation de ce qui s'en venait, tellement ça changeait beaucoup, l'ordre n'était plus le même!»

C'est aussi cette année-là que Mégo, Claude Lemay, devient le directeur musical du Festival, et le restera pendant plus de dix ans. Mégo travaille déjà avec Jean-Guy sur ses spectacles, et ce dernier le présente à l'équipe de Juste pour rire qui, faisant preuve d'un très bon instinct, décide de le garder. Grand rieur, Mégo a toujours le sourire aux lèvres, prêt à faire une blague ou à rigoler. Jean-Guy ne tarit pas d'éloges sur ce vieux complice: «C'est un gars dont les premières qualités sont d'être disponible, complice, souriant, agréable à travailler. Tout le monde veut travailler avec lui! Et tu veux pas le laisser aller. Demande à Céline Dion si elle veut le laisser aller! C'est le pianiste le plus complice. Mégo a été un phare pour moi. Sa bonne humeur et son instinct m'ont servi.»

L'année suivante, en 1985, Jean-Guy doit cette fois animer les cinq galas avec Michel Drucker, qu'il imite à la perfection. Jean-Guy retourne en France, rencontre Drucker, prépare des numéros avec lui, fait des publicités promotionnelles pour Radio-Canada de là-bas. Jean-Pierre Plante écrit des textes pour les deux animateurs, Jean-Guy prépare avec Mégo des numéros musicaux. Il prépare même une parodie de *We Are the World*. Un incontournable, en 1985.

Jean-Guy et Mégo, en répétition du spectacle *Chasseur de têtes*.

Malheureusement, c'est l'année de son opération au cœur, qui survient dix jours seulement avant le premier gala. Ce contretemps, comme on l'a dit, l'empêche de se présenter au Saint-Denis pour faire son travail. C'est Dominique Michel qui le remplace à la toute dernière minute. « Dodo était la seule à pouvoir le faire. Une des grandes qualités de Dominique Michel est qu'elle a toujours été présente à son métier, sensible à ce qui se passe autour. Elle est de toutes les modes, de tous les mouvements, de toutes les époques. »

La direction du Festival rend tout de même hommage à mon père convalescent : le maire Jean Drapeau se pointe sur la scène. Rien de moins ! Dodo le présente et le maire Drapeau commence son numéro : «Vous souhaitiez sans doute la copie. C'est l'original qui vous apparaît. Infiniment moins drôle, je l'admets. Mais à mon titre de victime préférée de Jean-Guy, je lui devais de venir dire ici votre peine et ma peine d'avoir appris qu'il n'est pas exempt lui non plus des accidents de santé. Par amitié, je voudrais aussi lui dire que, vraiment, il est allé un peu trop loin. Il n'avait vraiment pas besoin de s'imposer une opération à cœur ouvert pour nous convaincre qu'il a du cœur ! Nous savions que son public l'aime profondément mais nous savions aussi que Jean-Guy Moreau aime profondément son public.» Moreau est encore touché et reconnaissant lorsqu'il se remémore ce moment qu'il a pu voir sur cassette BETA quelque temps plus tard.

Dodo et Drucker rendent visite à mon père à Villa Medica, alors qu'il est en convalescence, après le Festival. «J'ai toujours gardé une admiration et un respect pour Dodo. Y a des gens qui deviennent des modèles sans que tu le saches. Pour la rigueur, le talent, la hauteur de l'humour. Dodo est un modèle, je m'en suis inspiré.»

C'est en 1989 que Jean-Guy revient à l'animation du Festival, cette fois-là avec Patrick Sébastien comme coanimateur. Le travail des deux animateurs imitateurs est magnifique. Leur complicité est évidente et offre aux spectateurs de bien belles soirées.

Le travail avec Sébastien est encore une fois très intéressant pour mon père. Comme les années précédentes, avec Le Luron et Drucker, Jean-Guy se rend à Paris pour préparer l'animation avec Patrick. Tout comme avec Le Luron, il conseille son collègue sur les imitations qui peuvent traverser l'Atlantique. «Ç'a été très bien reçu, car

Sébastien est un être sympathique. Il faisait des bonnes imitations. On avait une bonne complicité. Ç'a été un beau retour pour moi à l'animation.»

Au cours des années suivantes, Jean-Guy retourne à Juste pour rire comme invité des galas, à plusieurs reprises. En 1993, son spectacle *De Félix à Desjardins* est présenté au Spectrum dans le cadre du Festival, et la représentation est filmée pour en faire un spécial télévisé.

En 1998, Jean-Guy revient avec son nouveau *show, Le chum à Céline*, qui est présenté dans la petite salle du Cabaret. Au moins trois cents personnes viennent le voir chaque jour. C'est le gros *hit* du Cabaret cet été-là, on doit ajouter des sièges. Les gens sont heureux de retrouver Jean-Guy, cela se sent dans leurs rires et leurs sourires chaque soir.

Ce même été, Jean-Guy fait la mise en scène du spectacle extérieur du groupe d'imitateurs français Les 6 Clones. «C'était un beau moment, une belle découverte!»

En 2001, il est (enfin!) intronisé au Panthéon de l'humour. Alors qu'il passe désormais tous ses étés aux Îles-de-la-Madeleine, il revient à Montréal pour quelques jours, afin de recevoir son prix et les hommages bien mérités qui l'accompagnent.

La dernière fois que Jean-Guy participe à Juste pour rire, c'est en 2007. C'est la 25ᵉ édition du Festival. Pour l'occasion, un numéro spécial est préparé avec des imitateurs, dont Pierre Verville, André-Philippe Gagnon, Steeve Diamond, Michaël Rancourt. «Tous mes enfants spirituels!»

Just For Laughs

Jean-Guy est bilingue et parle anglais sans même y réfléchir. Vous l'aurez déjà remarqué dans les pages de ce livre, ses phrases sont construites avec les mots qui lui viennent à l'esprit, peu importe la langue. Plus souvent francophone qu'anglophone, il ne réprime pourtant aucune pensée, aucune réflexion lui venant en anglais. « J'ai toujours aimé Montréal pour la diversité culturelle. Elle ne m'a jamais assailli. Ça ne m'assaille pas que quelqu'un me parle en anglais. Je choisis de parler en anglais ou en français, mais ça, ce sont mes affaires. »

Il est donc facile pour lui de faire des numéros en anglais. Cependant, il n'a jamais réellement tenté de percer ce marché, pourtant énorme. Son amour pour la chanson francophone y est peut-être pour quelque chose, lui qui a été guidé artistiquement par nos Félix, Vigneault, ou par les Montand, Brel et Ferré. En 1995, Lucien Bouchard est notre premier ministre québécois, et le côté anglophone de Juste pour rire, Just For Laughs, veut absolument traiter le sujet du référendum, en cette année de la grande question. Andy Nulman, Montréalais anglophone, est alors à la tête de Just For Laughs : « Même avant d'entrer à Just For Laughs, je connaissais Jean-Guy Moreau, dit-il. En tant qu'anglophone, je savais qui était Harmonium, Beau Dommage, Raôul Duguay, les Séguin, mais comme humoriste, je connaissais Yvon Deschamps et Jean-Guy Moreau. C'est tout. »

Ni Jean-Guy ni Andy ne se rappellent exactement qui a eu l'idée en premier, mais les deux hommes ont travaillé ensemble pour monter un numéro d'ouverture pour les galas Just For Laughs au Saint-Denis. Peu après le moment où, justement, monsieur Bouchard a fait un discours devant la communauté anglophone de Montréal, Jean-Guy apprend à Nulman qu'il fait un bon Bouchard en anglais. Andy aime l'idée. Pourquoi donc ne pas ouvrir les galas avec ce personnage ?

C'est aussi l'année où Jean Charest devient le *golden boy* des Anglais, en tant que chef du Parti conservateur canadien. Andy Nulman veut absolument l'impliquer dans ce numéro inédit. Monsieur Charest, très ouvert à ce genre de numéro, accepte de participer.

Jean-Guy en Lucien Bouchard et Jean Charest, dans les coulisses du théâtre Saint-Denis.

Jean-Guy écrit donc une première version du numéro, qu'il montre à Andy Nulman. Du fait d'être francophone, malgré son bilinguisme, Jean-Guy ne saisit pas toute la profondeur de la réalité des Québécois anglophones de Montréal. Il permet donc à Andy de repasser sur le texte. Nulman n'en revient tout simplement pas : « *It's unreal ! This is insane ! This is a guy I knew growing up ! I couldn't believe it.* » Pour lui, travailler avec un humoriste de l'envergure de Jean-Guy est surréaliste, pour utiliser ses mots. Lui qui a côtoyé tous les grands noms de l'humour anglophone au fil des ans se retrouve à écrire un numéro avec un imitateur francophone pour l'ouverture de « ses » galas.

Le numéro est donc monté en collaboration et, le soir du premier gala, le public anglophone de Montréal se retrouve devant une scène sur laquelle sont placés un podium et un lutrin, annonçant un discours officiel. Jean-Guy arrive, muni d'une canne, bien habillé en complet cravate, suivant l'annonce : « *Ladies and gentlemen, the Prime Minister of Québec, Mister Lucien Bouchard.* » Le public n'est sans doute pas ravi, pensant avoir affaire au vrai. Les applaudissements sont respectueux, loin d'être chaleureux. Mon père se rappelle fort bien son entrée. « Le discours est convenu, et à un moment donné je dis : « *Let's talk about the English speaking population of Québec. We don't want you to go to Ontario, we want you to stay in Québec, because if you go, we'll be stuck with Hells Angels, and they have guns.* »

Le numéro continue dans cet esprit et, pour faire sortir Jean-Guy de scène, c'est Jean Charest en personne, agissant ce soir-là comme régisseur de scène, qui sonne le glas du discours de Bouchard/Moreau. Ce fut un excellent clin d'œil et, pour citer Andy : « *It was a huge huge huge hit!* » La salle a réellement bien réagi, riant à gorge déployée tout au long du numéro.

Ce succès a donné l'idée de reprendre le personnage de Bouchard pour un spectacle de grande envergure, alors que Juste pour rire a ses bases extérieures dans le Vieux-Port de Montréal. C'est en 1997 que Just For Laughs organise *Woodstock for Square Heads* sur une scène extérieure. Tous les humoristes anglophones montréalais y sont, dont le duo Bowser and Blue, avec George Bowser et Rick Blue, que Jean-Guy connaît déjà bien. Bowser fait aussi une très bonne imitation de Bouchard et ils décident tous ensemble de faire un duel de Bouchard. Mon père fait le Bouchard francophone, et Bowser, le Bouchard anglophone.

Les deux s'adressent aux quelques milliers de spectateurs, l'un en français, l'autre en anglais, utilisant des phrases déjà prononcées par le Bouchard original, et ce, chacun devant un drapeau québécois. Mais le drapeau québécois du Bouchard francophone est bleu, tel qu'il l'est toujours, alors que celui du Bouchard anglophone est rouge! Les discours se contredisent effrontément. En voici un bref aperçu:

Bouchard franco: «Je crois que le Québec est une société francophone et ne devrait être que cela.»

Bouchard anglo: «*I believe Québec is a progressive society and has to include all races and languages.*»

Le duel des Bouchard se poursuit quelques minutes, et le spectacle finit sur une danse commune des deux Bouchard, jouant chacun de sa canne, sans complexe!

Andy se remémore cette soirée avec beaucoup de plaisir. Il la considère comme un de ses bons coups à la tête de Just For Laughs. Il a apprécié sa collaboration avec Jean-Guy. Et après avoir vu son spectacle *Le chum à Céline* à l'été 1998, Andy en a pensé ceci: «*The one thing I noticed about Jean-Guy is he never went for the cheap laugh. He was smart.*»

Je laisse monsieur George Bowser conclure ce chapitre: «*Meeting and performing with Jean-Guy was an experience I recall with pleasure and pride. We met Jean-Guy at a very enjoyable dinner in Ste-Adele, arranged by Andy Nulman. I recall that we asked him to do his impression of mayor Jean Drapeau, and he was happy to do that one, and many others. It was great fun. He also told us how much he enjoyed our songs about Quebec, and I was surprised when he made mention of a particular song called* Blame it on la commission *[de la toponomie] — which most people have never heard of! When we performed together at the* Woodstock for Square Heads, *Jean-Guy and I both played in a sketch called* Duelling Bouchards, *and Jean-Guy entered into it with great gusto. We both wore plastic face masks, and at show time Jean-Guy discovered, to his dismay, that the mask prevented him from easily reading the prepared text. So he improvised, with hilarious results.* "Le Québec est une immense poutine" *was a line he came up with. I still get a chuckle out of that!* »

LE TRAVAIL EN FAMILLE

Moreau a travaillé avec des dizaines de personnes, pour ne pas dire des centaines, tout au long de sa carrière, et Véronique et moi n'y avons pas échappé ! En effet, lors de périodes diverses, nous avons eu à collaborer professionnellement avec notre père imitateur.

D'abord, ma sœur, alors qu'elle avait 19 ans, lors des tournées des spectacles de Jean-Guy, *Chez Gérard en reprise*, au début des années 1990. Jean-Guy n'hésite jamais à s'entourer de jeunes professionnels, il donne souvent la chance au coureur. Véro et deux amis sont alors engagés pour produire et réaliser des capsules vidéo qui seront diffusées pendant le spectacle. Ma sœur est aussi accessoiriste pour la tournée, qui dure neuf mois. Je me rappelle qu'ils passent tous l'été à Orford, dans les chalets orange de Chéribourg. Ma sœur, du haut de son adolescence qui s'achève, a besoin de la reconnaissance de son père, comme tout enfant. En tant qu'accessoiriste, elle est de tous les spectacles. Elle est aussi la gardienne des enfants de tous les membres de la tournée. Et elle demeure avec Jean-Guy. Les tensions se font sentir, le quotidien les rattrape. Le tout ne se termine pas bien pour le père et la fille, qui coupent les ponts pendant quelques mois après cette collaboration.

Véronique part vivre en France à l'âge de 22 ans, pour tenter de trouver sa place, de percer dans le milieu, son propre milieu. Là-bas, elle n'est la fille de personne.

Il n'y a pas d'attentes, pas d'excuses, pas de passe-droits. Elle fait son propre nom, construit sa carrière, sans être associée à Jean-Guy Moreau. Elle fait de la télé, de la radio et du cinéma, tout en travaillant pour le bureau français de Juste pour rire, d'où elle gère la programmation francophone européenne du Festival montréalais. Ma sœur a vécu une liberté pendant ses sept années de résidence à Paris, pour finalement revenir au pays et faire sa place ici. Une fois qu'elle a été de retour, les ragots ont repris pour elle. Véronique a eu l'opportunité, à Paris, de jouer un second rôle féminin dans un film de Claude Lelouch, *Hasards ou coïncidences*. Il s'en est trouvé, des journalistes québécois, pour dire que si Véronique Moreau avait tourné dans un Lelouch, c'était parce qu'elle était la fille de Jean-Guy Moreau. Véronique me confie : « C'est vrai que nul n'est prophète en son pays. Encore moins quand t'es "la fille de" ! »

De mon côté, je travaille aussi au Festival Juste pour rire. Je sais, c'est tout sauf original pour la fille d'un humoriste ! Mais bon, telle était alors ma vocation. Lorsque, à l'été 1998, Juste pour rire produit le nouveau spectacle de Moreau, *Le chum à Céline*, on me met en charge de la production déléguée. Ce spectacle est simple et efficace : René Angélil donne une conférence de presse pour expliquer en quoi le Québec a besoin non pas d'un premier ministre, mais plutôt d'un gérant. Il passe une heure à expliquer pourquoi et comment. C'est un très bon spectacle, pertinent.

Jean-Guy est un être très exigeant. Envers lui-même et envers les autres. Il a tendance à s'attendre à la perfection, qui n'est pourtant pas de ce monde. S'il n'hésite jamais à critiquer ses propres performances, il n'hésite pas non plus à critiquer les gens autour de lui. Toujours à titre professionnel, bien sûr. S'il n'a pas ce qu'il veut, ce qu'il lui faut, on le sait assez vite. Ce fut pour moi un été difficile. Que ce soit à cause d'un problème avec les affiches du *show*, avec le placement de la salle, avec le budget, avec le personnel technique, avec l'équipement technique, etc., gérer une crise d'artiste, toute légitime soit-elle, est ardu. Gérer la crise d'un artiste qui est également notre propre père est carrément impossible. Du moins, ce le fut pour moi. Je sais que Jean-Guy, en ces occasions, ne parlait pas à sa fille mais à sa productrice. Mais, de mon côté, comment recevoir les commentaires autrement que par la voix de mon père? Je n'ai que 25 ans, c'est la première fois que je gère, seule, des productions. Et mon père est là. Alors que tous mes autres spectacles sont des spectacles d'artistes de la relève, je me retrouve avec un vieux pro qui en a vu d'autres. Sans aucun doute, cela serait différent aujourd'hui. Ma propre assurance professionnelle est présente, et je sais prendre ma place dans une discussion enflammée. Mais à l'époque, je me suis juré que plus jamais je ne retravaillerais avec mon père! Comme quoi...

Véronique et Jean-Guy retravaillent ensemble, en 2007, pour le spectacle *Comme personne*. Véronique et Sylvie Bergeron signent la mise en scène du spectacle. Ma sœur est désormais adulte et a fait ses preuves. Retravailler avec son paternel est une expérience tout à fait différente de celle qu'ils ont vécue près de quinze ans plus tôt. Bien que Véronique, consciente du passé, se questionne avant d'embarquer dans le projet, elle adore son expérience. «Ç'a été une des plus belles collaborations de travail de ma vie. Ç'a été génial! Y avait pas d'ego. Quelqu'un de l'extérieur n'aurait pas pu deviner que j'étais sa fille. J'ai beaucoup appris. C'est un homme très courageux.»

Tout le monde ayant travaillé avec Jean-Guy vous le dira : il est exigeant. Si cette exigence tombe parfois dans l'excès, elle est justifiable. Car si un technicien, un costumier, un maquilleur, un agent, un producteur ou un musicien ne fait pas son travail comme il faut, ça retombe sur l'artiste, sur mon père. C'est l'artiste qui est sur scène, devant le micro, et devant le public. Le public n'en a rien à faire, que l'accessoiriste n'ait pas bien fait son travail. Le public voit le résultat et juge l'artiste, uniquement l'artiste, comme il se doit. Alors l'artiste a sur les épaules la responsabilité de la qualité du travail de chaque personne dans son équipe. Et mon père, en raison de son expérience et de sa personnalité, sait ce qu'il veut, sait ce qu'il faut, et veut ce qu'il veut, veut ce qu'il faut.

Évidemment, à force de travailler dans le milieu artistique et de côtoyer autant d'artistes, j'ai mieux compris les absences de mon père. À ce jour, je considère sincèrement qu'un grand artiste ne peut être en même temps un grand parent. C'est l'un ou l'autre. Et un artiste est d'abord et avant tout un artiste. Suivent ensuite le mari, le père, le frère, l'ami. Je ne dis pas qu'un artiste est automatiquement un mauvais parent. Je dis simplement que j'admets et accepte le choix fait par mon père, c'est-à-dire la carrière avant la famille, du moins pendant ces années où il était plus souvent sur une scène ou devant une caméra qu'à la maison. Il s'est bien rattrapé depuis !

LES FRÈRES MOREAU

«Je trouve que mon frère, c'est un des meilleurs imitateurs que j'ai vus dans ma vie.» C'est Jean-Guy qui parle ici, et non son frère! «Il a toujours eu un souci du détail qui me fait craquer. Il me fait craquer chaque fois qu'il imite, qu'il fait un personnage ou qu'il décrit quelqu'un.» Si Jean-Guy ne tarit pas d'éloges sur son frère Yves, c'est tout aussi réciproque. Ils sont très mignons, ces deux frères qui ont grandi loin l'un de l'autre, à cause de leur grande différence d'âge.

Yves a un sens de l'humour très, très développé, peut-être même un peu plus que son frère. Du moins, son humour va plus loin. Un exemple parmi tant d'autres : le jour de la mort de leur père Henry-James, Yves, du haut de ses 16 ans, décide d'appeler sa tante et utilise la voix de son père! Il s'est fait passer pour Henry-James! On peut imaginer la tête de la tante en question!

Yves Moreau est un danseur professionnel, spécialisé en danse folklorique. C'est un des maîtres mondiaux de la danse bulgare, entre autres. Il est à la danse folklorique ce que son frère est à l'imitation. Ce qui n'est pas peu dire!

Le travail d'Yves l'a amené et l'amène encore à voyager partout sur la planète. Il n'assiste pas au mariage de son frère parce qu'il passe l'année 1969 en Bulgarie, à se spécialiser. Yves le reconnaît lui-même : «Entre 1969 et 1975, à toute fin pratique, j'ai presque pas vu Jean-Guy. Mais, après ça, je suis revenu ici et j'ai eu ma troupe de danse, Les Gens de mon pays. Là on se voyait. Y avait toujours eu la tradition où Noël se passait chez Suzanne et Jean-Guy. Et il y a eu *Mon cher René, c'est à ton tour…*, où Jean-Guy a engagé ma troupe pour des danses dans le *show.*» La différence d'âge commence enfin à diminuer d'importance. Les deux frères se rapprochent tranquillement. Yves le globe-trotter peut difficilement suivre la carrière montante de son grand frère, mais il est conscient des moments-clés de celle-ci.

Si les deux frères ont été éloignés par leur différence d'âge et leurs choix de vie, malgré l'amour fraternel qu'ils pouvaient ressentir l'un pour l'autre, ils se sont rapprochés à la fin des années 1980. Et c'est grâce à l'émission *Surprise sur prise* de 1990, dont plusieurs se souviennent encore. Ce gag, un des meilleurs de la série, a fait rire bien des Québécois et en a surpris encore plus !

L'équipe de *Surprise sur prise* appelle Yves pour voir s'il est intéressé à tendre un piège à son frère. Yves, après avoir entendu le concept, accepte tout de suite ! On lui explique qu'il devra faire toutes sortes de folies au Stade olympique, et terminer le gag en courant à travers le terrain du stade, en sous-vêtements.

Jean-Guy est invité chez son ami et scripteur Jacques Beaudry, un autre complice. Trois caméras sont cachées dans le salon. Il reçoit alors un coup de téléphone de son frère, qui l'appelle «en direct» du stade pendant un match des Expos. Yves lui dit de regarder le match, car il prépare tout un coup ! Jean-Guy allume la télé et le match y est présenté. Yves fait alors trois folies : d'abord, il se déguise en mascotte, court partout et tombe. On voit alors qui est à l'intérieur de la mascotte : Yves ! Jean-Guy rit, quelque peu surpris. Ensuite, Yves prend la place au marbre, batte à la main, habillé d'un uniforme des Expos. Il explique au commentateur du match qu'il veut montrer qu'il n'y a pas juste Jean-Guy qui est drôle dans la famille et qu'il fait ça pour se faire connaître! Jean-Guy rit toujours, de plus en plus fort: «J'ai jamais vu ça, j'ai mon voyage! C'est fantastique, c'est drôle, c'est de bon goût», s'exclame-t-il. Et finalement, Yves traverse le stade complètement nu en courant! Puis, alors que des gardiens de sécurité lui courent après, il grimpe dans les filets protecteurs, toujours nu, et crie: «Jean-Guy, je te l'avais dit que je te ferais rire!». C'est Yves qui a pensé que ce serait plus drôle s'il était nu plutôt qu'en sous-vêtements. L'équipe de production ne pouvait demander mieux! Car même lorsqu'on a proposé qu'un «cascadeur» le remplace pour ce plan de caméra, Yves a répondu que son frère saurait tout de suite que ce n'était pas lui!

À la toute fin du gag, la caméra se dirige vers le tableau de pointage, et Jean-Guy peut y lire: Marcel Béliveau 1 / Jean-Guy Moreau 0. On voit ensuite Marcel Béliveau, assis dans les estrades, qui envoie un coucou à la caméra et à Jean-Guy. La réaction de Jean-Guy est idéale pour les concepteurs de l'émission: il rit de bon cœur, il est sans doute content que son frère n'ait pas réellement fait un fou de lui en public! À ce moment, Yves entre dans l'appartement et Jean-Guy le voit, encore abasourdi par ce qu'il vient de voir à la télévision. Les deux frères se prennent dans leurs bras et Jean-Guy dit en riant: «C'est super *dooper*! Quel beau coup, magnifique! Y a du talent dans la famille!»

Entre les moments du match où Yves apparaît à la télévision, on entend Jean-Guy parler de son frère à Jacques Beaudry. Il en parle avec un amour, un respect et aussi une admiration sans bornes. C'est ce que Jean-Guy dit de lui qui émeut Yves. Après l'enregistrement, les deux frères se parlent et se confient alors leur admiration respective. C'est le moment qui les rapproche, qui les lie pour le reste de leur vie. «J'ai compris que j'avais un frère extraordinaire et qu'on se verra jamais assez!» dit Jean-Guy.

La Queue de cochon

Yves et sa femme France voyagent pratiquement tout le temps, enseignant la danse folklorique partout sur la planète. Nous les voyons rarement. Par contre, depuis le début des années 2000, un événement familial nous relie chaque hiver : le concours de cretons. Eh oui! Ma grand-mère Yvette faisait des cretons à ses enfants. Elle leur a transmis la recette. Un beau jour, les deux frères décident d'en faire à leur tour et, pourquoi pas, de faire un concours pour voir lesquels se rapprochent le plus de la recette maternelle. La tradition débute : tous les hivers depuis janvier 2003, nous nous réunissons chez Yves. Chaque frère a trois enfants. Nous sommes au bas mot neuf personnes autour de la table, feuille de vote et crayon en main, à déguster les cretons que France a pris soin de mettre dans des assiettes similaires, afin que nous ne puissions deviner lesquels viennent de qui.

Les paramètres de vote sont établis : selon le pointage de 1 à 10, nous votons sur cinq critères : aspect, goût, arôme, lustre, épices. Depuis peu, un nouveau critère s'ajoute : l'originalité. Car, depuis trois ans, les enfants Moreau s'y mettent! Nous reprenons la recette de notre grand-mère, que nous n'avons jamais connue, et nous confectionnons nos propres cretons. À l'hiver 2010, neuf cretons différents sont en lice pour le grand prix, la Queue de cochon, trophée créé et fabriqué par Jean-Guy. La plupart du temps, Yves remporte le premier prix de ce concours; Jean-Guy, souvent bon deuxième, a réussi à remporter le trophée deux ou trois fois au fil des années. Mais en 2010, Antoine et nos deux cousines ont pris place sur le podium, laissant derrière eux les patriarches qui doivent inévitablement passer le flambeau à leur progéniture. Et en

2011, c'est mon cousin Francis qui a remporté le premier prix, laissant Jean-Guy bon deuxième! Quant à Yves, le lauréat du plus grand nombre de trophées depuis le début de la compétition, il a terminé dernier! Tout est possible, ces jours de Queue de cochon!

Jean-Guy et Yves, janvier 2009, avec le trophée La Queue de cochon.

Le concours de cretons est un incontournable pour les Moreau. Lorsque nous nous croisons en dehors de cet événement annuel, nous en parlons toujours, tentant de raffiner les critères, de repenser la soirée, de discuter des épices qu'utilise untel, de voir si nous tenterons notre chance l'année suivante. À bien y penser, je crois que nous formons une famille de maniaques!

Au moment de ma dernière entrevue de l'année 2010 avec mon père, nous sommes à quelques jours de Noël. Mon père commence par me dire qu'il a fait des cretons, comme pour chaque Noël depuis des lunes! Il a beau en faire chaque année, pour Noël et plus tard pour le concours, il a encore des choses à dire sur le sujet! «Encore deux changements que j'ai apportés, deux nouveautés ; la texture n'est pas assez dure, mais le goût est impeccable. » Il sourit en coin, ne me révélant pas les deux nouveautés, gardant pour lui les subtilités de sa recette… Même s'il n'a pas réussi à ravir le trophée 2011, je sais qu'il pense déjà à ses cretons pour l'hiver 2012, pour rapporter « sa » Queue de cochon à la maison !

Ces soirées sont divines. Et puisque, chaque hiver, nous nous retrouvons chez Yves pour le concours, Jean-Guy a décidé, en 2006, d'avoir sa propre soirée Moreau chez lui. En juin, alors que les homards sont frais et excellents, Jean-Guy nous reçoit tous chez lui pour un festin incroyable, où nous dégustons en famille ces crustacés venus des Îles-de-la-Madeleine. Une autre soirée de rigolade, d'échanges et de bonne bouffe, que Jean-Guy surnomme le « homard *galore* » (en français, le mot *galore* signifie : en abondance).

LE CAPTEUR D'ÂMES

Il m'est arrivé, au cours de ma vie d'adulte, de me poser des questions sur le choix de carrière de mon père. Il passe son temps à imiter les autres. Il gagne sa vie ainsi. En étant l'autre. En se cachant derrière l'autre. En personnifiant l'autre. En parlant pour l'autre. En bougeant, en chantant, en marchant, en s'habillant comme l'autre. Charlebois, qui le connaît depuis plus longtemps que moi, émet ce commentaire : « Ton père a un sens de l'observation dangereux. Et il a un métier dangereux. C'est sur la ligne de la schizophrénie, ce qu'il fait ! Quand t'embarques à fond dans un personnage... Quand il devient Jean Drapeau, il me fait peur. Quand il devient Ferland, Lévesque, Trudeau... Comment il fait pour que ça ne déborde pas dans sa vie ? ! C'est un don, il a le génie. Il a été le premier à faire un *show* d'imitations. Même Patrick Sébastien m'en a parlé, de Jean-Guy Moreau ! ». Je me suis parfois demandé si Jean-Guy n'avait pas choisi d'être les autres pour éviter d'être lui-même. Le talent est là, indéniable. Difficile de passer à côté. Il a su en faire un métier, il a su créer une profession, un art. Merveilleux. Mais lui ? Le vrai Jean-Guy Moreau ? Pourquoi, la plupart du temps, est-il un autre que lui-même ? Dernièrement, lors d'une brève discussion sur le métier d'imitateur, Jean-Guy m'a dit ceci : « Quand t'as passé deux heures à jouer tous les personnages, t'es très content de te retrouver le reste des vingt-deux heures de la journée ! Mais c'est la plus belle des évasions. »

Moreau en Robert Charlebois. © Ronald Labelle

Le métier d'imitateur est fort peu exercé. Il y en a, quoi, dix au Québec ? Et encore…, dix imitateurs sur 7,5 millions d'individus. Sans aucun doute la même proportion partout ailleurs… Il n'y a pas beaucoup de métiers sur la terre qui sont si peu pratiqués ! Il est clair, de toute façon, que lorsqu'on a un talent aussi grand que celui de Jean-Guy, il vaut mieux l'exploiter ! Et si mon père emprunte souvent la voix des autres, il reste que c'est son propre message qu'il passe. C'est ce qu'il veut dire. Ce qu'il pense. Ce qu'il aimerait, peut-être, que l'*autre* dise. C'est sans doute ça : il utilise la voix des autres pour dire ce que lui voudrait dire. Un camouflage, en quelque sorte, mais qui, au moins, a le mérite de nous faire rire !

Ses amis sont unanimes : Jean-Guy les fait rire. Jean-Guy imite tout le temps tout le monde. Il a un sens de l'observation incroyable. Robert Charlebois, qui le connaît mieux que la plupart, va encore plus loin : « Jean-Guy anticipe toujours plus loin. C'est un immense pantagruéliste, sensuel, gourmet, gourmand ! Quand on était jeunes, c'est lui qui m'a fait découvrir les *bacon & eggs,* les grands vins… C'est un grand grand sensuel ! On peut dire ça. » On le peut, oui.

Sur son propre travail d'imitateur, Jean-Guy dit ceci : « Je me rapproche plus de la moelle épinière. J'aime bien aller faire du curetage d'âme, j'aime aller jouer en dessous. Parce que ça fait plus vrai et que ça surprend. C'est mon trait de plume à moi. »

Quelle technique utilise Jean-Guy pour arriver à réaliser une bonne imitation ? « Je ne sais pas vraiment…, je n'ai pas de méthode. J'ai toutes les méthodes. »

Sa non-méthode a évolué au fil des ans. Au fil des imitations. Dans le cas de son imitation de Pierre Elliott Trudeau, qui fut l'une de ses premières, il a utilisé une cassette vidéo, ce qu'il ne fait presque plus aujourd'hui. Mais à cette époque, il fait appel à un ami de Radio-Canada pour obtenir un enregistrement du premier ministre canadien (Il n'y a pas encore de magnétoscopes dans les chaumières pour qu'il enregistre lui-même ce qu'il veut à la télévision!). Il reçoit alors une cassette en anglais. Il a donc commencé à imiter PET en anglais. «C'est le même, c'est comme s'il parlait français avec son hémisphère gauche. Il était tout côté gauche, tout en rationnel. Il y avait très peu d'artiste en lui. Tout était calculé.» Jean-Guy s'inspire donc de ce qu'il voit pour arriver à faire le personnage. Mais, comme il le dit lui-même: «Ça, c'est copier une voix. C'est pas assez, de copier une voix. Ça te prend d'autres informations. Ça te prend la mémoire de cette personne-là.»

Jean-Guy préfère de loin le terme américain pour son métier, soit *impressionist*. Impressionniste. «Un Américain ou un Canadien anglophone va entrer en scène et dire: «*Here's my impression of...* «. C'est tellement ça! L'impression est beaucoup plus juste. L'impression est ce que tu retiens instantanément et ce que tu garderas toujours de cette personne-là. C'est comme si c'était quelque chose d'essentiel. C'est ce que j'essaie de faire, toujours, avec tout le monde.»

Jean-Guy y va selon sa mémoire, selon ses souvenirs, selon ses impressions, justement. Il a commencé à imiter des gens dans la cour d'école. Sa «méthode» remonte donc à l'enfance et à l'adolescence: y aller selon ce qu'il a vu ou entendu à la télé, à la radio. Il n'y avait pas de reprises d'émissions, pas de moyens d'enregistrer et de repasser ce qu'on a vu la veille. «Si je le faisais pas le lendemain matin dans la cour d'école, j'avais manqué mon coup. Je devais bien enregistrer dans ma tête ce que j'avais vu. Je refaisais ce que j'avais vu. J'étais un *recorder* avant le temps!»

Il n'utilise les enregistrements vidéo que rarement et, comme il le précise, ce n'est pas pour trouver quelque chose de nouveau, mais plutôt pour confirmer une impression qu'il a déjà. «On a tous en soi une enregistreuse. La preuve, c'est que quand je fais mon imitation, tout le monde la reconnaît.» Jean-Guy n'invente rien, il part de ce qu'il a vu, comme vous et moi.

«Mes meilleures imitations ne sont pas faites à partir d'une cassette que je copie, mais à partir de ma mémoire. Si tu touches à quelque chose d'essentiel, tout le monde va le reconnaître.» Chaque imitateur a ses propres souvenirs et sa propre impression. C'est ce qui fait que lors d'un numéro spécial où deux ou trois imitateurs sont mis côte à côte pour faire les mêmes voix, aucune des imitations ne sera semblable à une autre. Jean-Guy parle de Verville, pour donner un exemple. «Il ne fait pas Michel Tremblay comme moi. Il fait des imitations vraiment différentes. Son Jean Lapointe n'a rien à voir avec mon Jean Lapointe! Mais tu le reconnais. Ça n'a pas d'importance.»

On entend souvent que c'est la première impression qui compte. Qu'il ne faut pas rater son coup pour impressionner quelqu'un. Qu'on n'a pas de seconde chance de faire bonne impression. C'est encore plus vrai pour les personnalités qui peuvent devenir victimes des imitateurs, des impressionnistes. «Y a des gens, ça marche pas, y a pas d'atomes crochus. T'es pas bien avec eux et tu le sens tout de suite. C'est pas la voix, ça. Pourtant, c'est dans la voix que tu entends ça. Ou comment la personne se sert de la voix. Dans une voix normale, y a beaucoup d'informations. Plus tu connais quelqu'un, plus tu vois les variations (de ton, d'énergie…). Par exemple, j'ai pu parfaire des imitations, dont celle de Nougaro. Je l'imitais, il avait une voix spéciale. Mais le jour où j'ai entendu un enregistrement public de Nougaro, là, j'ai tout compris. *Live*, c'est pas la perfection du studio. C'est là que tu peux pogner quelqu'un plus facilement.»

Ici encore, Jean-Guy utilise sa voix pour donner des exemples bien concrets. Il raconte qu'il y a peu de temps, il a regardé sur YouTube une vidéo de Raymond Lévesque. Bien qu'il l'imite depuis cinquante ans, il a découvert autre chose lors de ce visionnement. Il précise que la voix, la tonalité et la diction ne sont pas suffisantes pour faire une bonne imitation. Il y a d'autres subtilités. Cette fois-ci, pour monsieur Lévesque, c'est sans chercher qu'il a trouvé. Il a remarqué que sa voix était retenue et moins forte sur chaque dernière note, sur chaque dernier temps musical. Il croit donc sincèrement que la prochaine fois qu'il aura à imiter Raymond Lévesque en public, son « impression » sera encore meilleure. Il me la fait dans le salon et, en effet, il est plus proche du vrai que jamais !

Il revient sur l'idée d'impression : « T'as une seconde pour vendre une imitation. Si tu l'as pas dans la première ou la deuxième seconde, ça passe pas. Les gens se disent qu'on l'a pas bien. Ça m'est déjà arrivé. Ça dure pas longtemps parce que je le vois tout de suite. » Dans d'autres cas, le public peut au contraire voir à quel point l'imitation est proche de la réalité, quand l'imité côtoie l'imitateur. Comme ce fut le cas pour Jean-Guy avec Charlebois, et aussi avec Jean-Pierre Ferland. Lors du spectacle *Trois dimensions,* présenté au Forum dans les années 1980, avec Moreau, Ferland et Dubois, Jean-Guy a imité Ferland en chantant avec Ferland ! Le public est aux anges dans ces cas-là ! L'imitateur doit alors en mettre plus que l'original. « L'imitation peut être plus vraie que nature. Jean-Pierre Ferland a pas besoin d'en mettre, c'est lui, Jean-Pierre Ferland ! Moi, je suis obligé de travailler à oublier Jean-Guy Moreau. Faut que ce soit uniquement Ferland. T'en mets le plus possible, c'est ça le travail de l'imitateur. Quand t'es pas sûr de la voix, tu compenses par des gestes, par des façons de parler, des façons de dire. » Il reparle du temps où il n'était qu'un enfant et où il imitait ses professeurs, pour la joie de tous les élèves. Si son professeur aimait beaucoup les adverbes et les utilisait fréquemment dans ses phrases, Jean-Guy en mettait dix fois plus que le professeur. « Il y a beaucoup de choses à amener dans une imitation. La voix, ça devient secondaire. Si je peux faire vibrer la voix de quelqu'un comme l'originale, c'est là que ça compte. C'est pas la voix pareille. C'est le coup de crayon. » Il compare son travail à celui des caricaturistes, tels que Chapleau.

« Comme dans n'importe quoi, le souvenir d'un événement ou d'une personne, c'est que des petits morceaux. Et ces morceaux sont précieux pour retourner dans le passé, pour retomber en arrière. C'est ce qui reste qui compte. Tout le monde a expérimenté de retenir quelque chose d'essentiel, sans même le savoir. Ça se fait tout seul. J'essaie de regarder ce qui reste d'un personnage pour trouver le dénominateur commun. C'est-à-dire celui qu'il était hier, qu'il est aujourd'hui, qu'il sera demain. Et non pas ce qu'il a dit hier à propos de telle ou telle chose. *Irrelevant!* »

Pour choisir qui imiter, pour déterminer pourquoi telle personne au lieu de telle autre, c'est simple : il faut tout simplement que la personne soit intéressante. Que le public ait le goût d'en voir une copie, une caricature, une impression. Lors de son passage à *Tout le monde en parle*, Jean-Guy a dit à propos du fait qu'il n'imitait pas Jean Charest : « Quand t'as pas le goût de voir l'original… » La personne doit être intéressante. Pour Jean-Guy, un bon exemple est Pierre Falardeau. Qu'il fait avec un plaisir sans nom. Car pour lui, c'est un personnage plus grand que nature, qui a beaucoup de viande autour de l'os. Sa façon de parler, son expression faciale, tout ça représente du bonbon pour un imitateur.

Un élément essentiel selon Jean-Guy : son jugement. Pas seulement sa perception, mais son jugement de la personne à imiter. « Mais mon jugement critique peut être la motivation pour faire un personnage. Parce que j'ai tellement hâte de m'amuser avec lui ! Parce que je le trouve ridicule ou autre chose. Des fois, je règle des comptes. Ça changera pas la vie, ça changera pas grand-chose, mais je me paie des numéros. Un bon gag, ça s'achète pas. Faut le trouver. Y a des gens qui sont inspirants parce que je les aime, et y a des gens qui sont inspirants parce que je les déteste. C'est entre les deux.»

Dans un cas comme dans l'autre, Jean-Guy n'a aucune difficulté à écrire des numéros pour ces personnages-là. Amour et haine sont près l'un de l'autre en imitation aussi. Si un personnage n'a aucun impact émotif sur Jean-Guy, il l'utilise alors comme accessoire dans ses numéros, dans ses spectacles. Pour faire des liens, employer des personnages transitoires, pour aller ailleurs. C'est ce qu'il appelle ses petites imitations, comme des annonceurs, des voix de publicités, des gens qu'on ne voit pas souvent, mais qu'on connaît malgré tout.

D'ailleurs, dans un excellent numéro du spectacle intitulé *La tête des autres*, il faisait l'annonceur des publicités de la compagnie Kraft, André Hébert. Jean-Guy précise que le numéro a été écrit par nul autre que Claude Meunier, à l'époque de Paul et Paul, juste avant la création du duo Ding et Dong. Il faut tenter d'entendre la voix Kraft d'André Hébert pour véritablement apprécier ces lignes[5] :

«Oups, il est 3 h 30. Vos enfants viennent de terminer l'école et les voilà qui rebondissent à la maison, prêts à dévorer un entrepôt de baloney. Quoi de mieux alors que de leur servir le merveilleux sandwich aux amygdales de Kraft. Faites d'abord sortir deux tranches de pain du sac et badigeonnez-les généreusement du succulent fromage Philadelphia aux pitons verts de Kraft.»

---

5. Ce sketch est disponible sur YouTube.

S'ensuivait alors un long texte carrément dégoûtant, où il était question, entre autres, de guimauves dans le beurre d'arachide, de Cheez Whiz aux fruits de mer, texte qui donnait même des nausées audit annonceur. L'éclairage devenait vert et le public dans la salle riait et faisait des «Aaaaaaah!» de dégoût! De toute beauté! Comme quoi des personnages secondaires peuvent donner de très bons numéros! Revenons au jugement critique, que Jean-Guy qualifie de «partie la plus jouissive. Monter le numéro, préparer, c'est 50 % du plaisir et du travail. L'autre 50 %, c'est le faire devant le public.» L'observation est la maîtresse de l'imitateur. Jean-Guy a appris par observation, et non dans les livres. Outre son aversion viscérale pour l'école, il considère avoir appris davantage en regardant les gens, les événements, les lieux, les objets. «Parce que ce sont les autres qui m'ont appris qui j'étais. Quand j'imite quelqu'un, y a une grande différence avec qui je suis vraiment. Plus je vois la différence chez les autres, plus je me reconnais comme n'étant pas comme eux. Pourtant, je réussis à être les autres. Mais, comme tout le monde, je cherche qui je suis, mon authenticité, ma vérité à moi. Mais je regarde constamment les autres faire. Encore. Pas parce que je manque d'assurance ou de confiance en moi, mais pour apprendre. En me comparant au monde en général, j'ai appris qui j'étais. Mon école, c'est les autres. J'ai su très jeune que je pouvais faire rire avec mes imitations. Si je faisais rire les élèves de ma classe, j'avais pas besoin de réussir mon examen d'algèbre!»

Ce n'est pourtant pas en regardant les autres que Jean-Guy a développé un côté maniaque qui lui est propre. Cet aspect de sa personnalité est définitivement inné! Si la mémoire lui a fait défaut lors de ses examens à l'école, elle ne l'a jamais quitté quand venait le temps d'imiter quelqu'un. Pour lui, la mémoire, c'est comme dix-huit morceaux différents, dix-huit détails. Lorsqu'il travaille une imitation, il fait appel à sa mémoire, à son enregistreuse personnelle, pour trouver la personnalité. « C'est pas la voix, c'est la personnalité qu'il faut trouver. Avant de voir l'ensemble d'un événement, en général, je décode, j'ai une lecture personnelle qui me fait voir un tas de détails. C'est quand j'ai vu assez de détails que je peux reconstituer l'événement. » Y a pas à dire, Jean-Guy est un maniaque. Ma mère m'a souvent raconté cette anecdote : Petite, j'ai une écharde au doigt. Mon père est à la maison ce jour-là, ainsi que ma mère. Avec mon bobo au doigt, je cours vers papa. Celui-ci, au lieu de me l'enlever en un rien de temps, commence à m'expliquer ce qu'est une écharde, pourquoi et comment elle a abouti là, ce qu'elle deviendra si elle reste prise (il y a danger d'infection mortelle !) et comment il compte l'ôter de mon doigt. Tandis qu'il me dit tout ça, je crie et pleure. Au bout de dix minutes, ma mère passe à côté, prend la pince à sourcils et arrache l'écharde avant que mon père ait fini ses explications… Pour cette même raison, ma sœur et moi avons toujours réfléchi avant d'aller demander l'aide de notre père pour nos devoirs difficiles à l'école. Allions-nous passer trente minutes à écouter discourir l'encyclopédie ambulante qu'est notre père avant d'avoir une réponse simple à notre question ? ! Autant appeler notre mère…

Jean-Guy voit tout. Il parle de détails, il en a plein la tête. Le maniaque en lui aime se renseigner sur les sujets qu'il préfère. Le maniaque en lui aime parler, discourir, décortiquer, analyser. Le maniaque en lui lui fait répéter une imitation à la perfection, jusqu'à rendre malade sa conjointe du moment (ou ses enfants, c'est selon !).

Mais, me rappelle ma grande sœur, ce côté maniaque peut s'avérer bénéfique ! Alors qu'elle a dormi pendant tous ses cours d'histoire de quatrième secondaire, ma sœur se retrouve à la fin de l'année dans l'embarras, n'ayant pas de notes de cours à relire pour se préparer à l'examen. Elle demande alors des explications à mon père, le cours portant cette année-là sur la Nouvelle-France et la défaite des Français face aux Anglais. Jean-Guy s'en donne à cœur joie ! Pendant deux heures, il lui raconte tout, du début à la fin, gesticulant, imitant les personnages, donnant vie aux Montcalm et Wolfe, dépeignant ce pan d'histoire dans tous ses détails. Le lendemain, Véronique a obtenu une note de 80 % à son examen final !

Ce côté maniaque, s'il peut être parfois pénible, ou encore bénéfique à la maison, est plus qu'utile pour quelqu'un qui passe son temps à imiter les autres. Pour arriver le plus près possible de la perfection, il faut avoir cette capacité de tout remarquer, de tout voir, de tout dire.

L'idole de Jean-Guy, c'est Félix Leclerc. Pourquoi ? Parce que Félix arrivait à dire en deux ou trois mots ce que Jean-Guy n'aurait pu dire en moins de trois cents mots. « François Dompierre lui avait demandé, lorsqu'il avait fait les orchestrations pour une émission de télévision de Radio-Canada, s'il avait apprécié les arrangements de ses chansons. Félix lui avait répondu : « C'est beau, et c'est pas trop. » Pour moi, ça, c'est de l'art, c'est du grand art ! Je suis pas capable, moi ! Faut que j'explique avec des mots, avec des dessins. Mais je sais maintenant que plus tu expliques, moins les gens comprennent.

« J'aime ça, les détails ! Les détails appartiennent au tout. C'est une façon de regarder la vie sous toutes ses coutures. C'est une lecture de la vie. On nous appelle des maniaques. Je m'entends bien avec du monde qui aime les détails. Il y a une vérité dans les détails. Le début de l'imitation, c'est souvent un détail. Je pars d'une petite affaire. Avec un chromosome, je finirai par avoir toute la séquence de l'ADN. »

À cause de cet aspect particulier chez Moreau, il n'est pas donné à tout le monde d'avoir la capacité de travailler avec lui. Le maniaque en lui voit tout, du *spot* d'éclairage mal placé à l'accessoire oublié dans la loge, à la régie sonore trop éclairée, au micro mal branché, au fil de couture qui dépasse de son costume de scène, au maquillage bâclé, tout, tout, tout ! Bien peu de personnes, il faut l'avouer, ont traversé le temps, professionnellement, avec Jean-Guy, pour diverses raisons. Cela dit, son côté maniaque y est assurément pour quelque chose.

Un aspect que Jean-Guy a aussi développé au fil de ses imitations est la méchanceté dans le texte. Une imitation peut être méchante. Peut. Ne doit pas l'être, mais peut. L'imitateur est capable de sentir son public, de sentir la salle, de deviner son besoin de méchanceté. « J'ai été méchant surtout quand je sentais, dans la salle, que je pouvais fesser davantage. Avec Trudeau, ou Claude Ryan. Jamais avec René Lévesque. Trudeau, j'en faisais une caricature. Je l'ai fait déguisé en pharaon, avec un fouet, courant après les séparatistes dans la salle ! C'est l'fun, ça ! »

Jean-Guy éprouve un plaisir immense à transformer ce qu'une personnalité a déjà dit en autre chose qu'il aurait pu dire. Tout est là : « aurait pu dire ». Il en a fait sa marque de commerce. Évidemment, Trudeau n'a jamais pourchassé les séparatistes avec un fouet. Mais il est facile de croire qu'il aurait pu le faire. Qu'il aurait même sans doute voulu le faire ! Et Jean-Guy l'a mis en scène, pour notre plus grand bonheur.

Mais la méchanceté, ou ce qui est perçu comme de la méchanceté par le public, peut se retourner contre l'imitateur. Au cours d'une des représentations du spectacle *Le chum à Céline,* dans lequel Jean-Guy imite Angélil pendant une heure, il fait référence une fois ou deux à Céline Dion elle-même. Par exemple, l'Angélil de Moreau explique à Céline au téléphone comment signer un chèque, où mettre le montant et où apposer la signature. Les gens ont tous fait un « Hooon ! » de réprimande dans la salle. Ne touchez pas à Céline ! Il ne faut pas parler en mal de l'idole nationale. Certaines blagues ne passent tout simplement pas.

Jean-Guy en Pierre Elliott Trudeau : « C'mon…où est-ce qu'ils sont les p'tits séparatistes ? »

L'unicité de Moreau ne réside pas dans ses capacités vocales. Elle est plutôt issue de son esprit, de son âme. Dompierre, compositeur, pianiste, animateur radio, connaît Jean-Guy depuis toujours. Leur première collaboration professionnelle date de 1967, lors de la tournée du centenaire de la Confédération canadienne. C'est d'ailleurs à ce moment-là que Dompierre incite Moreau à imiter d'autres Européens, dont Jacques Brel. François vient de terminer une tournée avec Brel au Québec, et transmet à Jean-Guy ses impressions sur le grand Jacques. François a ses propres talents d'imitateur, et Jean-Guy a su capter l'essentiel pour que son imitation de Brel devienne intéressante. « N'eût été de ce qu'il m'a amené, je ne sais pas si j'aurais imité Jacques Brel. Dompierre a la mémoire de l'essentiel. »

« Je considère qu'il est un imitateur à part des autres. Il est le seul à imiter d'abord et avant tout l'âme de son personnage. Il est le maître à penser de tout le monde dans ce domaine-là. C'est fantastique de voir ce qu'il est capable de faire en matière de campement de personnage. Parce qu'il campe d'abord l'âme de quelqu'un », dit quant à lui Dompierre de Moreau. Pour illustrer ses propos, il parle de l'imitation que fait Jean-Guy du cardinal Léger. « Tout le monde ou presque peut imiter sa voix. Mais Jean-Guy, lui, a rajouté de l'écho dans son imitation. Comme si on était à l'église. Comme si on était avec le vrai. » François met le doigt sur quelque chose de bien précis ici : camper l'âme du personnage. La capter… Jean-Guy y arrive presque toujours, d'une manière qui nous semble si aisée.

Si Moreau a entamé sa carrière d'imitateur en reproduisant, telles quelles, les chansons des imités, il a rapidement développé ce que j'appelle sa marque de commerce : changer les paroles pour faire dire autre chose à l'artiste caricaturé. Pour en faire une caricature, justement, et non pas une simple imitation. Et certaines de ses imitations ont profondément touché et marqué le public québécois.

Il a tant marqué le paysage culturel québécois que c'est en 2005 que le comité de sélection de l'Ordre du Canada a décidé de remettre une médaille à un nouveau membre, Jean-Guy Moreau. Ces prix soulignent et « couronnent l'œuvre d'une vie, le dévouement exceptionnel d'une personne envers la communauté ou une contribution extraordinaire à la nation [6] ». Moreau admet qu'il a surtout été ému de savoir que c'était Marc Favreau qui l'avait chaudement recommandé auprès du comité de sélection. En effet, lorsque les décideurs sélectionnent les élus de l'année, ils font appel à des récipiendaires précédents, des pairs, afin de savoir si les gens sur leur liste sont appuyés auprès de la communauté. Jean-Guy a toujours été un grand admirateur de celui qui a incarné pendant de si longues décennies notre Sol national. Il a donc été très surpris de recevoir un appel de Favreau, un soir à la maison. Celui-ci lui explique qu'il a été retenu pour recevoir la médaille de l'Ordre du Canada et qu'il a été chargé de savoir si Moreau accepterait ce prix. « Je comprends que je vais l'accepter ! Le Botswana me donnerait un prix, j'irais ! » Moreau demande à Favreau de lui envoyer le texte qu'il a écrit pour appuyer sa candidature, ce qu'il fait le soir même : « Depuis les années 1960 que je le vois à l'œuvre, chaque fois il me séduit par son travail. Avec ce don magnifique et si particulier d'imitateur et de musicien, il aurait pu se contenter de nous faire revivre avec talent toutes ces voix qui nous sont familières : artistes et personnalités de tous genres passés et présents... Mais non. Jean-Guy Moreau est un perfectionniste. Parfaitement conscient que l'humour est une discipline très sérieuse, et refusant de sous-estimer

---

6. www.gg.ca

151

son public en faisant du comique bon marché, il fouille, cherche, et peaufine ses textes jusqu'à ce qu'il trouve le trait juste qui fera mouche. Ses caricatures sont de petits bijoux de finesse et d'intelligence…et c'est sans doute à cause de tout cela que tout en faisant le bonheur de ses admirateurs, on ne lui connaît aucun ennemi. C'est donc avec beaucoup de plaisir que j'accorde mon appui à la candidature de cet homme de grande qualité, car je n'oublie pas que Jean-Guy Moreau, en plus de son merveilleux talent, est aussi un homme de cœur, toujours à l'écoute des petits et des déshérités, en somme, un véritable humaniste pour qui les causes ne doivent pas rester sans effets. Marc Favreau »

Jean-Guy en Sol.

LES IMITATIONS

«Jean-Guy est le maître», a déclaré Pierre Létourneau. Lui et, ma foi, quelques autres.

Alors que je travaille au Festival Juste pour rire, à la fin des années 1990, je me retrouve un midi à luncher avec Marc Dupré et une collègue. Je connais Marc depuis ses premiers pas dans le métier, mais lui ne connaît pas à ce moment mes propres origines. Lors de ce dîner, Marc apprend qui est mon père. Je me souviendrai toujours du regard qu'il m'a lancé, comme si j'étais la fille du roi. C'est à peine s'il n'a pas rougi! Il se met alors à me parler de mon père comme de sa première inspiration, de sa première influence. Et comme Létourneau, Marc parle de Jean-Guy comme du «maître» ayant le plus influencé, chez nous, au Québec, le métier d'imitateur. Dupré m'a raconté qu'il l'a vu à la télé alors qu'il n'avait que 9 ans. Dans son salon avec ses parents, il a regardé le numéro, s'est retourné vers ses parents et leur a annoncé que c'était ce qu'il ferait plus tard dans la vie!

Si la toute première imitation de Moreau fut celle de Félix Leclerc (à 8 ans, je me demande bien à quoi ça pouvait ressembler!), suivie quelques années plus tard par celle de Georges Brassens, il est clair que, dans la tête du public québécois, Jean-Guy Moreau est associé à ses imitations de René Lévesque et de Jean Drapeau. Pourtant, sa carrière a bel et bien commencé, en 1961, avec celle de Brassens. Mais il semble que les gens se souviennent principalement de ses voix de politiciens, des personnages qu'il a créés grâce et avec eux, et des grands chanteurs que le Québec a connus. «Faut que mon René Lévesque soit celui d'il y a vingt ans et celui dans vingt ans.» Dans les années 1960, au début de sa carrière, Jean-Guy n'imite pas les politiciens. Il n'en a pas envie. Dans le milieu, toutefois, on le presse de s'y mettre, la politique prenant de plus en plus de place dans la société canadienne-française devenant québécoise. René Lévesque anime, dans les années 1950, une émission d'affaires publiques, Point de mire, et il est élu, en 1960, comme député du Parti libéral. En 1967, il fonde un nouveau parti, le Mouvement Souveraineté-Association. L'année suivante, le MSA devient le Parti québécois. Lévesque est donc partie prenante de la société depuis belle lurette, et Jean-Guy ressent la pression de l'intégrer dans ses voix. Son premier numéro constitue en fait une explication de la raison pour laquelle il ne veut pas imiter René Lévesque. Car il existe déjà des imitateurs de Lévesque. Jean-Guy se souvient du premier à le faire, Jean Mathieu (Chez Miville, à la radio de Radio-Canada). Jean Lapointe aussi, avec les Jérolas, a son propre Lévesque.

Jean-Guy décide donc de créer un numéro, en 1969, dans lequel il explique pourquoi il n'imite pas Lévesque. Il le fait devant un tableau noir, craie en main, tel Lévesque dans Point de mire. Tout en expliquant pourquoi il ne l'imite pas, il devient René Lévesque. La voix de Jean-Guy cède la place à la voix de Lévesque au fil du numéro. Jean-Guy pratique ce numéro devant Suzanne, qui, grande admiratrice de Lévesque, l'encourage aussi à faire cette imitation. Quelque temps après, elle l'emmène à une collecte de fonds du PQ et lui présente Lévesque. Jean-Guy fait son imitation devant l'original, et ils se serrent simplement la main ensuite.

Ce n'est qu'en 1975 que Jean-Guy reprend cette nouvelle imitation, et qu'il commence à intégrer les politiciens dans ses spectacles. Il avait auparavant privilégié les chanteurs, préférant de loin la musique à la politique. C'est l'auteure Jacqueline Barrette qui le pousse réellement à faire des voix de politiciens. Elle lui écrit d'ailleurs le spectacle *Tabaslak,* en deux semaines, dans un chalet. « Elle sortait les textes aux deux, trois heures, sans arrêt. Elle était une machine à créer. En deux semaines, le *show* était fait et elle me l'a donné en disant : "C'est mon cadeau." » Jean-Guy est encore impressionné par sa productivité.

A Jean-Guy Moreau —
Joyeux anniversaire, bon succès, et, sans rancune —
même amicalement… René Lévesque

Jean-Guy en René Lévesque : photo autographiée par l'original.

À la suite d'une première collaboration sur le spectacle *Tabaslak* en 1974, Barrette a l'idée du spectacle *Mon cher René, c'est à ton tour.* Elle donne sa prémisse de départ à Jean-Guy et les deux collègues décident de prendre des routes séparées. Ils n'avaient pas la même vision de ce que cette idée donnerait, leur collaboration professionnelle prend donc fin à ce moment. Deux mois et demi se sont alors écoulés depuis l'élection de novembre 1976 qui a mis le PQ au pouvoir pour la première fois, avec René Lévesque à la tête de tout ce monde.

Ce spectacle (certainement un de ses meilleurs) a connu un succès monstre. Pendant plus de deux heures, Jean-Guy incarne Lévesque qui, pendant un rêve qui tourne rapidement au cauchemar, reçoit la visite de personnalités du monde politique et artistique venues pour le féliciter ou, au contraire, pour lui demander des comptes. Un pur bijou! On ne fait plus de spectacles comme ça, aujourd'hui. Il y avait des décors, des musiciens, des danseurs, des costumes à profusion, c'était grandiose!

Lévesque est omniprésent pendant tout le spectacle, et l'imitation qu'en fait Jean-Guy supplante sans doute toutes les précédentes. En voici un exemple parfait : la clôture de *Mon cher René...*, écrite par Jacqueline Barrette. Moreau entre en scène en tant que Lévesque et le fait parler sur la musique de la chanson *Ordinaire*, de Charlebois. N'oublions pas que nous sommes en janvier 1977, quelques semaines après l'élection du PQ.

Je suis rien qu'un gars ben ordinaire
C'est évident que des fois j'aurais le goût de tout faire
Pis quand je dis ça, je suis plus que sincère
Je suis même prêt à faire des ulcères, des ulcères
Pour l'avenir des Québécois sur terre
Pis c'est pas pour voir un jour ma face sculptée dans de
la pierre

Alors, svp, svp, prenez-moi pas pour un dieu
J'vais vous dire et vous répéter que je ferai tout ce que
je peux

Je donnerais ma chemise et je donnerais mes deux yeux
Je donnerais des cigarettes même, même si je suis nerveux

Évidemment, à jouer ce jeu-là
Je sais, je sais que c'est dangereux
Parce que plus on en donne, plus l'monde en veut
Mais ça c'est normal

Je respecte les gens et j'aime le public
Et tout ce que je souhaite au fond, c'est que ça clique
Je m'aperçois de plus en plus
Que c'est pas un pique-nique
Que de continuer de rêver en Amérique
Malgré ça, malgré tout, je souhaite demeurer en politique
Parce que c'est ma vie à moi, c'est ma musique

Autour de moi, on régénère
Me semble que c'est évident que depuis le 15 novembre
On est plus fiers
Je voudrais au fond qu'on demeure tous frères
Et si parfois, si parfois je me donne des allures de visionnaire
Svp, prenez-moi pas pour Robespierre
Je suis rien qu'un gars ben ordinaire
Ordinaire

Jean-Guy a recroisé Lévesque à la fin des années 1970, lors d'un congrès du PQ à Trois-Rivières. Ils se sont salués et ont posé pour une photo que Lévesque a envoyée à Jean-Guy par la suite, signée : « Quand René rencontre son double, amicalement, Lévesque. » Lévesque n'a pas assisté au spectacle *Mon cher René,* il avait d'autres priorités en tant que premier ministre. Mais Jean-Guy sait qu'il a entendu le disque issu du spectacle. Ce que Lévesque en a pensé restera un mystère...

Jean-Guy participe aussi à plusieurs *Bye Bye* dans lesquels René Lévesque se retrouve sans faute. « C'est un personnage important. Les gens avaient le goût d'entendre parler de politique. Je m'en suis donné à cœur joie. Jusqu'en 1980. »

En 1979, Jean-Guy est approché par un réalisateur de l'ONF, Michael Rubbo. Ce dernier a reçu, de la chaîne américaine PBS, la commande de préparer un documentaire sur le référendum imminent au Québec. Les Américains veulent comprendre ce qui se trame au Québec. Rubbo, qui a déjà assisté à un spectacle de Moreau où la politique primait, le contacte et lui demande s'il peut le suivre avec sa caméra. Il propose un dialogue entre lui et Jean-Guy, pour expliquer la dualité canadienne. Rubbo fait connaître à Jean-Guy un Montréal qui lui est alors inconnu, un Montréal multiethnique. À ce moment, une idée germe dans leur tête. Après avoir fait le tour de Montréal, ils décident d'aller voir ce que les Anglais du Canada pensent de la situation québécoise. « J'ai proposé à Michael de monter une conférence de presse en René Lévesque venant s'informer à Toronto, directement devant les anglophones. « Je viens vous dire *what does Québec want, but I want to know what Canada thinks.* » On a loué un théâtre, le Bathurst Street Theatre. On a loué la place, on a amené deux caméras, et on a annoncé dans les journaux. Ma photo en René Lévesque, c'est René Lévesque ! On a fait une annonce dans le journal de Toronto, où on voyait Lévesque dans un coin et où c'était marqué : « Jean-Guy Moreau *invites you to come and tell René Lévesque what you think about Québec.* » C'était assez clair. Sauf que Jean-Guy

Moreau, pas connu là-bas! Robert Lebrun ou John Smith, même affaire! C'était plein! Nous, on avait notre gang de l'ONF dans la salle, qui avait préparé des questions, au cas où personne du public ne participerait. On avait monté le spectacle, qui commençait par un texte écrit avec Rubbo, d'environ dix minutes. Du genre: *We are frogs but we want our own independent pond!*»

Tout est mis en place: l'équipe emprunte à la Maison du Québec de Toronto un podium officiel et deux drapeaux québécois que l'on installe de chaque côté. Jean-Guy, qui imite Lévesque depuis si longtemps, se maquille et se transforme en Lévesque de la tête aux pieds, avec les prothèses, le crâne, les accessoires de Radio-Canada. Lui qui fait plusieurs centimètres de plus que le grand René va même jusqu'à acheter un complet gris trop grand pour lui. De taille 42 plutôt que 38, pour se rapetisser, pour avoir les manches trop longues! «Quand je suis entré sur scène, pour quelqu'un qui ne connaissait pas Jean-Guy Moreau, c'était René Lévesque qui était là! À quinze pieds de distance, on voit pas la différence. Lucifer et René Lévesque, c'est pareil!»

Rubbo et toute l'équipe du documentaire croient sincèrement que tout le monde sait qu'ils préparent un gag. Ils veulent s'amuser avec ce tournage. «On veut, *from the horse's mouth,* la vraie affaire de la part des Torontois. On l'a eu en pleine face!» Après le numéro d'ouverture, un homme se lève dans l'assistance et commence à invectiver Jean-Guy-René, lui reprochant de ne pas avoir de drapeau canadien sur la scène, outré de cet affront. Ce à quoi Moreau-Lévesque répond que les drapeaux canadiens sont très durs à trouver au Québec. Le même intervenant lui reproche aussi la loi 101, disant: «*You have no right to legislate on the French language.*» Il est vrai que le Montréal de cette époque ne ressemble pas à celui des années 2000. Moreau répond au public torontois des répliques de la sorte : « Dans notre propre ville de Montréal, on est obligés de parler anglais avec les Canadiens français de l'autre côté du comptoir de chez Eaton, parce que chez Eaton, c'est l'anglais qui prime. Quatre-vingt-quatre pour cent de la ville est de descendance française, mais tout est en anglais ! Il fallait légiférer. » À la question « *What will you do if we send in the army?* » Moreau-Lévesque répond : « Ben, ça peut être difficile s'ils viennent à une période touristique, ils n'auront pas d'hôtels. »

« À un moment donné, je n'avais plus de gags de préparés. Tout ce que j'avais, c'étaient des arguments que j'avais entendus de la bouche même de Lévesque. Trois ou quatre personnes présentes dans la salle me sont tombées dessus, convaincues que j'étais René Lévesque. Moi, je ne pouvais pas sortir du personnage. »

Avant ce tournage, Jean-Guy était loin d'être un fervent nationaliste. Bien que content que le Parti québécois soit entré au pouvoir en 1976, il n'était pas encore convaincu au sujet de la séparation du Canada. « Quand je suis sorti de ce *show*-là, dit-il, j'étais le plus nationaliste des artistes que je connaissais ! J'en avais trop entendu. J'avais été obligé de répondre comme René Lévesque. J'ai été René Lévesque pour vrai, ce n'était plus une imitation. J'ai été obligé de défendre ma peau, de défendre le Québec au complet ! » Cette aventure a indéniablement fait vibrer la corde nationaliste de Jean-Guy qui, depuis, a voté oui aux référendums passés, et voterait oui aux futurs… Le titre du film est très approprié : *Yes or no, Jean-Guy Moreau?*

Sur Lévesque même, Jean-Guy dit ceci : « Il avait le don d'allumer, quel talent d'orateur ! Ce n'était pas un tribun comme Pierre Bourgault. Lévesque était "par en dedans". Les mots de Lévesque étaient un poignard, une plaie ouverte. »

Lorsque le Parti québécois perd le référendum de 1980, Jean-Guy cesse d'imiter Lévesque. Exception faite pour les émissions spéciales à la télé, les commandes spécifiques, Lévesque n'a pas retrouvé sa place dans ses *shows* avant *Comme personne*, dans les années 2000.

Grâce à sa façon de bouger sa tête, ses mains, aux moues du visage, à la gestuelle de fumeur, à la posture, Jean-Guy se transforme littéralement en René Lévesque. C'est comme une seconde version de lui-même. Et il en va de même pour le maire Jean Drapeau.

« Le Drapeau que je fais est un Drapeau inventé. C'est une caricature de ce que Drapeau pouvait être. Et non pas le vrai Jean Drapeau que j'ai connu.» Depuis 1980, aucune imitation de Jean-Guy n'a autant touché le public. Si on ne m'a pas dit, à moi, sa fille, mille fois comment le Drapeau de mon père était parfait, touchant, drôle, etc., on ne me l'a pas dit une fois !

Moreau en Jean Drapeau, avec la traditionnelle casquette des Expos.

Contrairement à la croyance populaire, Jean-Guy n'imite Drapeau que depuis les années 1980. Pas avant. Comme il ne faisait pas de politiciens, Drapeau n'avait pas franchi le seuil des imités. Jean-Guy reconnaît facilement que le premier à faire une très bonne imitation de Drapeau était Paul Houde. «Il faisait Drapeau, assis dans un petit parc, avec des jouets, portant un chapeau de guerre. C'était le Drapeau de l'époque. Je ne voyais pas comment moi, j'arriverais à faire Drapeau. Je voyais Paul Houde qui en faisait une excellente imitation. Mais c'était le Drapeau énergique, voix plus pointue, aiguë, au rythme plus rapide. C'était avant son AVC.» En effet, Drapeau a d'abord fait une chute lors de laquelle il s'est fracturé le bassin. C'était à l'hiver 1982. Et cet été-là, il a été victime de plusieurs accidents vasculaires cérébraux. «Moi, c'est à ce moment que je l'ai "pogné", en le voyant sortir de l'hôpital. Paul Houde a fait le Drapeau que tout le monde a connu dans les années 1950 et 1960, et moi, le Drapeau des années 1980, au débit plus lent. Mais ça restait une imitation comme une autre. Jusqu'au jour où je l'ai rencontré. Et là… C'est [à cause de cette rencontre] que le Drapeau que je fais aujourd'hui n'est plus le Drapeau que je faisais à l'époque. Au début, j'imitais Drapeau à distance, avec l'idée que je m'en faisais. Autoritaire, veut rien savoir des journalistes, gars de projet, on reste dans les grandes lignes.»

Mais, lors d'un anniversaire des Canadiens au Reine-Elisabeth, Jean-Guy est l'artiste invité et fait son imitation de Drapeau pour le dernier numéro de la soirée. Il porte alors une casquette (non pas des Expos, comme à son habitude, mais des Canadiens). Pourquoi porter une casquette pour faire Drapeau? «Pour ne pas avoir à me mettre un crâne! Aussi simple que ça! La tête est réglée.»

Après le numéro de Jean-Guy, Drapeau, qui a bien ri et apprécié le numéro, se penche vers lui, met sa carte de visite dans la poche de son veston et lui dit de l'appeler pour qu'ils aillent manger ensemble. «C'est à partir de ce jour-là que l'imitation est devenue un personnage, un autre Drapeau.»

Moreau et Drapeau sont bel et bien allés manger ensemble, accompagnés du coauteur de Jean-Guy de l'époque, Jean-Pierre Plante. Le maire a réservé une table au restaurant Hélène de Champlain. Drapeau fait des blagues toute la journée. Il demande aussi à Jean-Guy comment il se fait que, pour le résidant de Saint-Lambert qu'il est, il n'imite pas le maire de Saint-Lambert, mais plutôt le maire de Montréal. Jean-Guy explique : «Avez-vous vu la vue qu'on a à Saint-Lambert? C'est une vue de Montréal. Si j'habitais Montréal, je ne pourrais pas avoir cette vue-là!» Et Drapeau de rétorquer : «On va taxer les gens de la Rive-Sud pour leur droit de regard sur Montréal!»

Jean-Guy ne tarit pas d'éloges à l'égard de Drapeau. Il a une admiration sincère pour lui. «C'est un homme avec beaucoup d'humour, très ouvert, un homme charmant, poli, discret.» Après leur première rencontre, ils se revoient à plusieurs reprises. Jean-Guy lui envoie aussi tous les textes qu'il écrit pour son imitation du maire. Drapeau semble apprécier l'exercice, lui qui collectionne déjà toutes les caricatures qu'on a faites de lui dans les quotidiens.

Un jour, lors d'une émission spéciale de Jacques Boulanger à Radio-Canada, où le maire Drapeau est l'invité spécial, on demande à Jean-Guy de créer un numéro à partir de son imitation. Jean-Guy est sceptique : «Quand t'as le vrai dans la salle, tu peux pas dépasser l'original.» Jean-Guy ne veut pas faire un simple pastiche du maire. Il crée, toujours avec Jean-Pierre Plante, un numéro qu'il propose au maire directement, et que ce dernier, bon joueur, accepte : Jean-Guy Moreau, en Jean-Guy Moreau, fait le secrétaire particulier du maire, dans son bureau. Les deux sont côte à côte et, lorsque le téléphone sonne, Jean-Guy répond, mais avec la voix du maire. Ils se partagent ainsi l'agenda. Moreau propose ensuite une idée grandiose pour les célébrations du 350ᵉ anniversaire de la fondation de Montréal, mais Jean Drapeau le coupe tout de suite. « Je vous arrête, Jean-Guy, je vous ai laissé faire pour Terre des Hommes, je vous ai laissé faire pour les Olympiques, je vous ai laissé faire pour le métro, pour les Expos. Mais là, le monde commence à jaser, le monde commence à se douter. Faut se tenir tranquille. »

C'est même Drapeau, humoriste à ses heures, qui trouve la chute du numéro, le punch. « Mais il y a quelque chose que vous pourriez faire : j'ai rendez-vous chez le chiro à 15 h. Pourriez-vous y aller à ma place pour voir si je suis complètement guéri ? »

Les deux hommes ont correspondu longtemps par la suite, s'écrivant des lettres, se voyant de temps en temps. Jean-Guy garde un souvenir touchant de cet homme.

Outre Lévesque et Drapeau, qui resteront à jamais les deux grandes imitations de Moreau dans la tête des gens, son imitation de Gilles Vigneault est aussi inévitable lorsqu'on parle de l'impact que Moreau a eu avec ses pastiches.

« J'ai toujours eu une grande admiration pour Gilles Vigneault, depuis le début des années 1960. »

Quand Jean-Guy entame sa carrière au début des années 1960, Vigneault écrit déjà des chansons, que d'autres artistes interprètent la plupart du temps. Vigneault commence sa propre carrière d'interprète à la Boîte aux chansons, rue Saint-Jean, à Québec. Une de ses chansons, *Jos Montferrand*, est popularisée par Jacques Labrecque, et elle obtient un grand succès à la radio. Gilles, de son côté, anime des soirées à la Boîte aux chansons. Il écrit des poèmes et des chansons, n'ayant alors aucune prétention à chanter lui-même, avec sa voix si particulière.

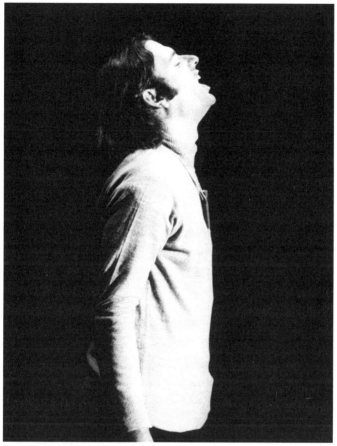

Jean-Guy en Gilles Vigneault.

Jean-Guy a entendu un enregistrement de la première fois où Gilles a chanté lui-même ses chansons. Il se rappelle fort bien ce que Gilles y dit : « Bon ben là, j'vas m'essayer. Je vais chanter ma propre chanson. C'est peut-être ça qu'on appelle le droit d'auteur… »

« Ce fut un moment, un événement, un état de grâce, dit aujourd'hui Jean-Guy de cette première interprétation publique de Vigneault. Il a vu que ça marchait. Et il en a fait d'autres. Il a fait tout le réseau des boîtes à chansons.

Je l'ai vu à La Butte à Mathieu, sans doute en 1962. » Une fois passée la surprise quant à cette voix unique, une fois qu'on l'a acceptée, le public entier embarque dans son univers, dans sa poésie. « Plus fort que la poésie qu'on lui reconnaît, il reste que Vigneault a pu continuer à être connecté au public québécois par les personnages. Tout au long de sa carrière, il a évoqué des personnages de son village… »

Ce que Jean-Guy préfère, ce sont les monologues de Gilles. Les personnages magnifiques qu'il nous raconte dans ses spectacles. Malheureusement, contrairement aux contes, chansons et poèmes, les monologues — qui, en spectacle, pouvaient durer jusqu'à trente minutes chacun, entre les chansons — n'ont pas été mis sur disque. Une partie de notre patrimoine qui ne nous est pas accessible… « C'est là qu'il faisait rire le public. Comme amuseur, comme humoriste, comme raconteur… Fred Pellerin a des choses à apprendre. J'ai vu Vigneault dans une vingtaine de personnages et ça m'a jeté à terre ! Parce qu'il allait chercher le vrai monde et leur donnait toute leur dimension universelle et poétique en même temps. Ça, c'est mon admiration pour Gilles Vigneault, la façon dont il a raconté le pays, dont il l'a illustré aussi. »

La première fois que Jean-Guy imite Vigneault, c'est son copain Charlebois qui l'accompagne au piano, à l'époque où les comparses font les boîtes à chansons.

En 1974, Jean-Guy fait son premier *one man show*, spectacle qui n'a pas de titre, produit par Guy Latraverse, à la salle Port-Royal de la Place des Arts (le Théâtre Jean-Duceppe aujourd'hui). Moreau tient l'affiche deux semaines à Montréal, dans ce premier spectacle solo. Il se permet enfin de monter des numéros d'envergure, des numéros du genre de ceux qui deviendront sa marque de commerce. Sur la scène se trouve une plaque tournante, comme si Jean-Guy était sur le plateau d'un tourne-disque géant. Une idée qui a coûté cher, mais qui marque encore Moreau à ce jour…

Pour ce spectacle, Jean-Guy emprunte un buste fait par un artisan de Saint-Jean-Port-Joli, représentant Gilles Vigneault. Le buste en question se trouve dans le bureau de production de Frank Furtado, alors qu'il gère la carrière de Vigneault. Jean-Guy fait un numéro sur Georges Dor qui se termine alors que Dor finit sa chanson et regarde le buste de Vigneault qui trône sur le côté de la scène. « Je devenais Gilles Vigneault. J'aime beaucoup les transformations sur scène. Je regardais le buste, je le copiais et je devenais Vigneault. C'est là que j'ai créé un numéro de jumelage entre Vigneault et René Lévesque. Sur *Les gens de mon pays*. Je commençais à faire Vigneault, je chantais, je m'allumais une cigarette, et Lévesque embarquait, puis je revenais à Vigneault pour finir. »

Gilles Vigneault assiste au spectacle en 1974. Jean-Guy est très heureux de le savoir dans la salle, quoique très, très nerveux. Après le spectacle, Vigneault va voir Jean-Guy dans sa loge et lui dit une phrase qu'il n'oubliera jamais : « C'est la première fois que je me vois sur scène. » Beau compliment, s'il en est un, pour un imitateur ! Jean-Guy est encore touché et satisfait d'avoir reçu l'approbation, si l'on peut dire, de Vigneault. « C'est le plus habile avec les mots. Mais le plus charmant avec les mots, aussi. Tu peux pas avoir plus beau compliment. »

En 1975, Gilles prend une année sabbatique, alors que Moreau prépare son nouveau spectacle en collaboration avec Jacqueline Barrette, *Tabaslak !* Comme les musiciens de Gilles sont au repos forcé, Jean-Guy les engage pour l'accompagner dans *Tabaslak !* Gaston Rochon, pianiste qui accompagne Gilles depuis longtemps, Robert Angelillo à la contrebasse et Jean-Claude Guérard, dit Bobby, à la batterie. Les répétitions se font même chez Gilles, dans son studio, où il compose habituellement ses chansons avec Gaston Rochon. « Imagine-toi le Gilles Vigneault que je faisais ! J'étais Gilles Vigneault ! »

Dans le spectacle, le Vigneault de Moreau chante *Alouette*. Un soir, Gilles vient voir le spectacle au Patriote. Le public entier le voit, le reconnaît, assis dans la salle. Le numéro conçu par Jean-Guy et Jacqueline requiert la participation des spectateurs sur cette chanson à répondre. Vigneault, qui a été mis au courant du numéro par Gaston Rochon, n'hésite pas à participer. Alors que Moreau-Vigneault sur scène demande au parterre de répondre « Je t'y plumerai les mines », c'est Gilles, assis dans la salle, qui répond en premier. Le public jubile ! C'est l'euphorie dans le théâtre. Pour Jean-Guy, c'est merveilleux. En même temps, il réalise que, pour les spectateurs, Vigneault est rendu dans la salle et non plus sur scène, ce qui n'est pas l'idéal pour un spectacle d'imitations. « J'étais comme pris. Je n'étais plus qu'un pâle reflet de l'original. Alors, du tac au tac, j'ai répondu, en Vigneault : « Ok, Moreau, ça va faire. Deux Vigneault, c'est trop ! » »

Jean-Guy est encore heureux de raconter cette anecdote, fier aussi, trente-cinq ans après les faits.

« C'est un beau moment, un moment de grâce. »

Il continue d'aller voir les spectacles de Gilles et d'acheter ses livres. Et il l'imite aussi très régulièrement à la maison, à table, au salon, quand il veut dire de beaux mots, quand il se sent poète.

Jean-Guy a commencé à imiter Lévesque parce que son entourage le pressait de le faire ; pour Drapeau, c'est en ayant un flash en le voyant à la télé. Pour Vigneault, c'est une question d'admiration personnelle et de logique. Dans les années 60, on ne peut prétendre être un imitateur et ne pas imiter Vigneault ! Mais d'autres voix arrivent à l'imitateur par des voies inattendues. Comme celle de Michel Chartrand. Ce personnage politique marquant de la fin du millénaire ne fait pas encore partie des voix imitées par Jean-Guy à la fin des années 1960. Et s'il commence à l'imiter, c'est à la demande expresse de Chartrand lui-même! Jean-Guy se rappelle : « On était en 1969-1970. Chartrand avait été accusé d'avoir tenu des propos séditieux dans une assemblée syndicale et avait été sommé de se rendre en cour. La Couronne avait en main l'enregistrement audio de ses fameux propos. » À ce moment, Jean-Guy ignore tout de cette poursuite et il est surpris lorsqu'il reçoit un appel de Chartrand qui lui demande de le rejoindre dans un studio de son à Montréal. Il apprend qu'André Dubois, des Cyniques, et Claude Landré y sont aussi. Landré, cet imitateur et animateur qui s'est fait connaître dans les années 1970 dans les cabarets et à la radio de CKVL. Chartrand dit à Jean-Guy qu'il a besoin de lui puisqu'il l'imite déjà. Moreau répond que non, il ne l'a jamais imité. Chartrand lui rétorque : « De toute façon, tu imites tout le monde, alors viens-t'en! » Jean-Guy, intrigué, se rend au studio, où Chartrand lui explique que, pour contrer la preuve de l'enregistrement audio que détient la Couronne, il fera à son tour entendre en cour un enregistrement audio sur lequel la phrase à caractère séditieux sera répétée vingt fois par les trois imitateurs et par le vrai Chartrand.

« Je me souviens, j'étais dans le corridor et j'ai demandé à Michel : Qu'est-ce qu'on doit dire? » Chartrand lui tend un papier avec la phrase à répéter. Jean-Guy demande à Michel de la lui dire, deux fois plutôt qu'une : « La justice au Québec doit être indépendante du pouvoir exécutif et du pouvoir législatif et doit être expéditive. » « Il m'a laissé dans le corridor, j'ai répété ça, je suis arrivé en studio, je l'ai faite cinq ou six fois, pis après ça j'ai continué à imiter Michel Chartrand. Il nous a mis chacun 20 $ dans nos poches, pis nous a dit : « Salut, les gars, merci ben gros. » Et quand ils ont présenté ça quelques jours plus tard en cour, c'était le rire général et il a gagné. Peut-être que j'aurais été des années sans capturer le personnage, mais là, c'est lui qui m'a demandé de l'imiter et j'ai dû le faire sur-le-champ. J'ai été obligé. Mais quel cadeau ! Jamais j'ai fait dire à quiconque, et en particulier Michel Chartrand, ce qu'il n'aurait jamais dit, ce qu'il ne pensait pas foncièrement. »

Jean-Guy en Michel Chartrand.

L'oreille d'un imitateur est un élément crucial. Jean-Guy en parle souvent, de cette oreille. Selon lui, « un imitateur est plus sensible, est plus avide de détails, de petites différences, de trouvailles ». Entre imitateurs, chacun se laisse inspirer à un moment ou un autre par les autres. « Avec Dodo, c'est moi qui lui ai donné Michel Chartrand. On se retrouvait sur un même *Bye Bye* (à la fin des années 1970) et elle devait faire Chartrand. » Jean-Guy partage avec elle ce qui lui sert pour son imitation du syndicaliste.

«Parle tout le temps sans arrêt comme ça saccadé pis prends jamais ton souffle pis rends-toi jusqu'à la fin pis prends jamais ton souffle pis respire même pas pis tu vas voir à un moment donné tu vas voir tu vas perdre ton souffle pis tu vas te rendre jusqu'à la fin.» Pour Jean-Guy, Dodo en a fait un petit chef-d'œuvre, un superbe numéro, où l'élève a carrément dépassé le maître.

Pour le 80ᵉ anniversaire de Chartrand, en 1996, la CSN organise une grande fête au Medley, à Montréal. Plusieurs artistes sont invités, dont Jean-Guy. Il fait un numéro dans lequel il lit des courriels, prenant la voix des personnages qu'il imagine écrivant à Chartrand pour son anniversaire. Entre autres, Gilles Vigneault, qui n'est pas présent à la célébration. Pour ce texte, Jean-Guy utilise les personnages forts des chansons et monologues de Gilles en les comparant à Chartrand (Chartrand a la force de Jean du Sud, le caractère de Jos Montferrand, etc.). Chartrand apprécie énormément le numéro et rit beaucoup. Ce que Jean-Guy ne sait pas, c'est que Vigneault devait être présent à la fête, mais a eu un empêchement. Chartrand pense alors que c'est un réel courriel de Vigneault que Jean-Guy lit avec sa voix. Le lendemain de la fête, Gilles Vigneault appelle Moreau : «Je t'explique, je viens de parler à Michel Chartrand. Peux-tu me dire ce que je lui ai dit hier, pourrais-tu me faxer ça? Je suis comme un peu pris pour lui dire que c'est moi, il est convaincu que c'est moi qui l'ai écrit!» Jean-Guy faxe son texte tout de suite, et Gilles le rappelle en lui disant, humblement : «Je peux le signer.»

Jean-Guy et Gilles ont décidé de ne jamais révéler à Chartrand que c'était Moreau, et non Vigneault, qui avait écrit ce courriel.

Tout au long de sa carrière, Moreau a eu des occasions uniques de rencontrer des géants de notre paysage artistique. Jacques Normand en fait partie. Et Jean-Guy, qui du haut de ses 13 ans avait déjà participé à son émission de radio, se retrouve quelques décennies plus tard à devoir l'imiter.

À l'occasion de la préparation d'une émission spéciale qui doit être diffusée à Télé-Métropole, dans les années 1980, Jean-Guy est entouré de Louise Latraverse, de Denis Drouin, de Jean Lapointe, et de bien d'autres. Alors que tous, lors d'une lecture de textes, se répartissent les numéros, Jean-Guy demande à Jean Lapointe de faire l'imitation de Jacques Normand, considérant qu'il la réussit mieux que lui. « J'avais juste le départ, le début. Un "Bon!" avec une voix un peu rauque. Un son de voix cassée, qui attaque. Jean a compris. Un peu comme deux guitaristes qui s'échangent des accords de guitare. Jean a entendu ce que j'ai fait et il en a fait un excellent Jacques Normand. »

Bien des années plus tard, dans les années 1990, Jean-Guy monte son spectacle *Chez Gérard en reprise*. Pour y arriver, il lit la biographie de Gérard Thibault, où il est fait abondamment mention de Jacques Normand. Monsieur Thibault est le fondateur du premier cabaret-spectacle de Québec, *Chez Gérard*, et a aussi dirigé À la porte St-Jean, où les grands de la chanson et de l'humour sont passés à un moment ou un autre de leur carrière. Son importance dans le paysage culturel québécois est sans équivoque. À la suite de sa lecture, Jean-Guy décide d'appeler monsieur Normand, pour discuter, pour l'entendre. « J'ai passé une heure au téléphone avec lui. Il m'a donné des détails. Il m'a parlé personnellement de ce qu'il avait retenu de cette période. Je l'ai laissé raconter, je l'ai écouté pendant une heure. Quand j'ai raccroché le téléphone, je l'avais ! J'ai parlé pendant des heures en Jacques Normand. Je l'avais tellement dans l'oreille... » Ici, la voix de Jean-Guy se casse, et je comprends qu'il est ému. Ses yeux sont humides, il prend quelques secondes avant de reprendre… « Ça m'émeut parce que j'ai eu l'impression qu'il m'avait donné sa voix. Le téléphone, c'est un filtre. Il ne passe que l'essentiel, au téléphone. Tu vois pas la personne, c'est juste la voix. C'est très personnel, une voix. Au bout de l'heure, je savais comment le faire. Et j'ai fait un bon Jacques Normand dans ce spectacle-là. »

Jean-Guy parlait plus tôt du rapport amour-haine qu'il a face aux propriétaires des voix qu'il imite. Il est évident qu'il a pris un plaisir fou à détester Pierre Elliott Trudeau et que son imitation lui procurait beaucoup de plaisir, sur scène comme hors scène. C'est une des voix les plus réussies de Jean-Guy. Si réussie qu'il est même parvenu à berner un des proches de Trudeau.

Au début des années 1980, Jean-Guy et Robert se retrouvent au camp de pêche de la famille Desmarais, en compagnie de quelques autres personnes, dont Michael Pitfield (proche de monsieur Trudeau alors qu'il est premier ministre, devenu par la suite sénateur jusqu'en 2010). Bien que monsieur Pitfield soit né au Québec, il ne parle pas le français, du moins, pas à cette époque, et il ne le comprend pas suffisamment pour suivre les conversations des jeunes artistes québécois. Il n'a aucune idée de qui est Moreau, ni de son talent. La nuit est bien avancée, monsieur Pitfield est déjà monté se coucher pendant que les autres, restés en bas, continuent à picoler et à rigoler. Vers 1 h 30 du matin, Robert et Jean-Guy décident de lui faire une blague. Jean-Guy appelle Pitfield avec la voix de Pierre Elliott Trudeau. Il lui dit qu'une affaire d'État le réclame à Ottawa le lendemain matin à 5 h, qu'il ne peut en dire plus, mais qu'il doit absolument se mettre en route pour être au parlement au petit matin. Robert me raconte : « On voit la lumière qui s'allume sous la porte de sa chambre, on est tous soûls dans le salon, il sort avec sa cravate, tout habillé, avec son attaché-case, et demande d'appeler son chauffeur et de commander un hélicoptère. On l'a arrêté juste avant qu'il parte. On l'a ri pendant deux jours, celui-là! C'est le plus gros gag que j'ai fait avec ton père de toute ma vie!»

D'autres voix sont beaucoup plus récentes dans la collection vocale de Moreau. Certaines lui sont venues, ou ont été travaillées, dans les quinze dernières années seulement. Une voix incontournable, à la fin des années 1990, était celle de René Angélil. Personnage emblématique québécois, Jean-Guy a rapidement capté comment l'imiter. Il lui a carrément dédié un spectacle entier! *Le chum à Céline*, en 1998, a permis à Moreau de revenir à la politique, plutôt délaissée depuis le référendum de 1980. Ce spectacle ne ressemble en rien à ce qu'il a fait auparavant. Un seul personnage, aucun décor, une heure. «C'est pas un vrai *show*, c'est un *mini-show*, d'une heure. Ça ne se fait pas le soir, ça se fait en fin d'après-midi, dans un bar, une petite salle.» Moreau fait répondre Angélil à la question: pourquoi ne deviendrais-tu pas le gérant du Québec, pour remplacer le premier ministre? En cette année de fin du millénaire, c'est Bernard Landry qui occupe cette place… «Ça m'intéresse la politique, ça m'inspire! Peut-être qu'il nous faudrait quelqu'un d'efficace! Parce qu'on est dans une ère où si tu demandes au comité du ministère des Affaires culturelles de l'argent pour une tournée de Céline Dion, ils vont trouver le moyen de dire: on n'arrivera pas, ça coute trop cher, ça va prendre trop de temps.» Moreau est outré. «La machine politique ne marche pas bien. On va mettre un bon gérant à la place. Je pars avec l'idée et j'écris un spectacle. Je joue Angélil pendant une heure et ça surprend beaucoup de monde.» Le Festival Juste pour rire signe donc le spectacle pour l'été 1998, et le présente au Cabaret, à 17h tous les jours. «Les critiques sont partagées, mais le monde aime ça. J'avais des comptes à régler avec la vie, c'est un métier qui permet ça. Je me suis amusé, je me suis fait du bien. J'ai retrouvé le plaisir que j'avais dans *Mon cher René…, Tabaslak!*, les shows qui avaient pour thèmes le Québec, nous, et ceux qui nous représentent.» «On souhaite, quand on écrit un spectacle, quand on crée, qu'il y ait une majorité de gens d'accord avec ce que tu dis. Des fois ça arrive. Et quand ça arrive, c'est le paradis!» Moreau fait donc parler son Angélil sur des sujets qui lui sont chers. Entre autres, ce moment où le plus grand gérant du Québec parle des coupes budgétaires dans les ministères de la Santé et de l'Éducation. «Je me dis que dans certains domaines, comme la santé et l'éducation, non seulement tu coupes pas, t'en ajoutes! C'est ça que je pense. Me semble que c'est le gros bon sens. Un gérant de chez Nickels te dirait la même affaire! Tu scrapes pas ta matière première. L'éducation, on n'a pas arrêté d'investir là-dedans, Céline et moi. Si on subventionne l'ignorance, combien ça va nous coûter dans cinq ou six ans?» Jean Bissonnette fait un beau commentaire à Moreau, après avoir vu le spectacle. Jean-Guy s'en souvient agréablement: «Angélil dirait jamais ça! Il parle jamais de politique. Mais s'il parlait de politique, c'est ça qu'il dirait!» Et encore mieux comme compliment, lorsque Angélil, lors d'une entrevue avec Julie Snyder, précise: «Jean-Guy Moreau est assez fort parce qu'il a comme pogné ma façon de penser!» Moreau est ravi: «Je peux pas avoir plus beau compliment d'une victime!»

Une autre nouvelle voix pour l'imitateur est celle de Michel Tremblay. Il l'a intégrée pour la première fois à un de ses spectacles en 2007, dans *Comme personne*. Le travail de Jean-Guy pour l'imiter est un bon exemple du processus de création d'un imitateur. Comme quoi tout peut se passer dans la tête, et non simplement dans les oreilles.

Jean-Guy, parce que Tremblay est homosexuel, avait le préjugé, il le reconnaît, que celui-ci avait une voix plus aiguë. Jean-Guy avait réussi à capturer son rythme et sa nature, mais pas sa voix. Puis, un jour, il l'entend à la radio et réalise que la voix de Tremblay est très basse. «C'est une question de tonalité», dit-il. Jean-Guy s'est alors défait de son préjugé et a réussi à faire un Tremblay juste.

Pour tester la voix avant de l'intégrer à ses imitations publiques, Jean-Guy appelle son vieil ami François Dompierre, qui a composé, entre autres, la musique de la comédie musicale *Demain matin, Montréal m'attend,* écrite par Tremblay. Les deux hommes se connaissent très, très bien, depuis des décennies. Jean-Guy appelle donc Dompierre en se faisant passer pour Tremblay. Dompierre n'y voit que du feu! «J'avais préparé mon entrée: "François Dompierre, comment vas-tu? Michel Tremblay. Je voudrais te dire qu'on va remonter *Demain matin, Montréal m'attend* et je pense que ça va être ben l'fun. J'ai appris ça, j'avais envie de pleurer, c'pas compliqué… Faudrait que tu me rendes un service, faudrait que tu me donnes le numéro de Jean-Guy Moreau. J'ai entendu dire qu'il m'imite et que c'est pareil!"» En plus, Jean-Guy laisse des indices gros comme le Stade olympique, mais les victimes n'y voient que du feu! Il a tenu douze minutes, douze! avant que François, intrigué par la mention redondante de Moreau, réalise qu'il avait Jean-Guy et non Tremblay au bout du fil! François reconnaît s'être fait duper: «Il avait les mêmes termes que Michel. Il m'a eu, il m'a vraiment eu!»

Si, avec Tremblay, Jean-Guy a piégé Dompierre, c'était pour s'assurer qu'il maîtrisait bien cette nouvelle voix. Mais il lui arrive aussi de s'amuser, avec les multiples voix qu'il connaît et imite depuis longtemps. Lorsque son bon ami Charlebois se fait arrêter pour conduite en état d'ébriété, Jean-Guy appelle Robert en

Jean-Pierre Ferland. Ce dernier s'est fait arrêter quelques mois plus tôt, pour les mêmes raisons. Au téléphone, Charlebois entend Ferland lui dire : « Tu m'imites, c'est pas correct, ça c'est mon gag à moi. T'as encore bu trop de bières, là… » Robert est mal à l'aise de sa conduite et entame une discussion sur les conséquences de ses actes. Jean-Guy parle de lui-même, mais Charlebois n'entend que Ferland et, encore une fois, plusieurs minutes s'écoulent avant que Robert, lui aussi titillé par les indices laissés, dise : « Aaah, c'pas toi, Jean-Guy !? Crisse, tu l'as ben ! » Eh oui ! La voix de Ferland est intégrée en Moreau depuis si longtemps que même son plus vieil ami ne voit plus la différence. Ni, d'ailleurs, la jument de Ferland.

Car Ferland et Moreau se sont rencontrés à quelques reprises, dont une fois sur la terre de Ferland. Jean-Guy a emprunté la voix de Jean-Pierre pour appeler la jument, Prunelle, et celle-ci a accouru. Un animal est aussi un bon cobaye pour voir si on réussit à imiter parfaitement une voix ! L'imitateur manque rarement une occasion de parodier Ferland. En 1988, Moreau coanime le 10ᵉ gala de l'ADISQ et permet à « son » Ferland de chanter des paroles qui seraient tout aussi pertinentes en 2011.

Sur l'air de *Je reviens chez nous* :

Pour qu'on passe à la radio
Y faut gagner des trophées
Avoir la gueule de Julio
Au pire se faire enterrer

C'pas qu'les diffuseurs nous aiment
S'ils étaient pas obligés
On tournerait pas au fm
On passerait pas à tv

Comme ses fans le savent, Moreau imite aussi beaucoup de Français. Surtout des chanteurs, ceux qui ont traversé l'Atlantique pour se donner en spectacle au Québec. Mais aussi des acteurs, comme Darry Cowl, à l'époque. Et depuis près de vingt ans, la voix de Philippe Noiret a pris sa place parmi les imitations de Moreau. Ce grand acteur français, aujourd'hui décédé, avait une voix unique. Profonde. Troublante. Chaude. Réconfortante. Moreau l'avait déjà utilisée lors d'un concert de I Musici, où l'orchestre jouait la musique de *Pierre et le loup* de Prokofiev, et Jean-Guy, en Noiret et utilisant d'autres voix populaires, racontait l'histoire et faisait tous les personnages.

Un jour que Noiret est au Québec pour la promotion du film *La fille de Dartagnan*, Jean-Guy est invité à l'émission radiophonique de Lise Payette à Radio-Canada, où monsieur Noiret est aussi présent. Lise Payette demande à Jean-Guy, pendant l'émission, de faire son imitation devant l'original. Ne sachant que dire, Jean-Guy prend le bulletin météo du matin et le lit avec la voix de Philippe Noiret, qui est assis à ses côtés. Voici ce que monsieur Noiret a dit : « Oui, c'est troublant. C'est troublant. » Qu'aurait-il pu dire d'autre ? ! La voix est si similaire que, oui, il doit être troublant de se trouver à côté de son double.

« Des fois, j'entre dans la vie des gens avec des personnages… », a déjà dit Moreau. Le dernier film de Noiret, *Père et fils*, est réalisé par Michel Boujenah en 2003. Le grand acteur est malade mais accepte de tourner avec Boujenah. En 2007, Jean-Guy rencontre Boujenah lors du Festival Juste pour rire. Jean Bissonnette les présente l'un à l'autre et, sachant que Moreau imite Noiret, il le mentionne à Boujenah qui est encore troublé par son dernier film avec ce monument du cinéma français. Utilisant la voix de Noiret, Jean-Guy entre dans l'intimité du réalisateur, qui commence alors à lui raconter les moments du tournage où il exigeait de Noiret une performance difficile pour cet homme déjà très malade. Ces moments leur appartiennent, mais Jean-Guy est encore troublé par les confessions de Boujenah, par l'ouverture créée uniquement par la voix. Si l'imitation n'avait pas été juste, Boujenah ne se serait sans doute pas confié ainsi. Mais la voix est le lien avec l'autre. La voix est soit réconfortante, soit troublante, soit discordante. Mais, toujours, elle identifie l'autre. Et lorsque quelqu'un prend la voix d'un autre, s'il le fait bien, on a l'impression d'être en compagnie de l'original, même si on sait que ce n'est qu'une copie.

Jean-Guy a vécu une expérience similaire grâce à la voix de Charles Denner, acteur français ayant joué avec François Truffault, Claude Chabrol, et dans cinq films de Claude Lelouch. Comme ma sœur a joué dans un film de Lelouch, mon père a pu le rencontrer, lors d'un lunch, pendant le tournage. Lelouch demande à Jean-Guy quels Français il imite, et Jean-Guy lui fait alors son imitation de Charles Denner. «Pendant une demi-heure, il m'a raconté des anecdotes avec Denner, comme si on se connaissait depuis toujours. Aussitôt que j'ai fait tinter la voix de Charles Denner, c'est comme si, moi-même, je l'avais connu autant que lui.»

Des numéros et des complices parmi tant d'autres

Comme on l'a mentionné, *Chasseur de têtes* est le spectacle de Moreau qui lui a valu le Félix du spectacle d'humour de l'année 1987. Ce spectacle a été mis en scène par Jean Bissonnette. Jean-Guy a un respect sans limites pour cet homme qui a fait tant de bien à notre paysage télévisuel. Bissonnette a été réalisateur à Radio-Canada dès les années 1950, et a plusieurs *Bye Bye* à son actif, ainsi que *Les Couche-tard* et *Moi et l'autre*. Plus récemment, il a produit la série populaire *Un gars, une fille*. «Je ne peux tarir d'éloges en ce qui a trait à Bissonnette. Il a été un complice pour moi. C'est un gars éclairé, un grand, grand, grand homme. Il a dessiné la télévision qu'on a aujourd'hui. Dans le *show-business* ici, il n'y en a pas d'autres. » Bissonnette a fait plusieurs mises en scène pour Gilles Vigneault, Diane Dufresne, Dodo, Jean Lapointe, Roch Voisine et tant d'autres. Jean-Guy lui est encore reconnaissant pour son travail sur son spectacle de 1986.

Jean Bissonnette et Jean-Pierre Ménard en répétition du spectacle *Chasseur de têtes.*

Les numéros de *Chasseur de têtes* illustrent bien le travail fait par Moreau lors de l'écriture des imitations. Il y fait un numéro où des chanteurs sont invités sur le plateau de *Champs-Élysées* de Michel Drucker. Renaud, Cabrel, Charlebois, Lavoie.

Renaud, sur l'air de *Miss Maggie* :
…
Les deux seules choses qu'on apprend
Durant notre service militaire
C'est comment tenir un drapeau blanc
Et changer de port durant la guerre
Côté culture, ça va pas mieux
Y a Dalida et Darry Cowl

Dans tous les films, y a Depardieu
Et on trouve Jerry Lewis drôle
J'aimerais vivre en Grande-Bretagne
Malgré cette conne de Tatcher
Mais je pourrais plus voir le programme
De mon ami Michel Drucker

Robert Charlebois, sur l'air de *Les talons hauts* :
J'étais l'idole d'la métropole
Et de ma province le symbole
Plus j'avançais dans la trentaine
Plus j'me sentais en quarantaine
A ben fallu que je m'exporte
Au fin fond de la France
J'étais rendu su'l'bord d'la porte
Comme des vidanges
Je retournerai pour faire un show
À Saint-Jérôme, à Saint-Bruno
Et je lâcherai toute la steam
On m'accueillera comme un héros
Comme Julien Clerc ou bien Renaud
Pas comme n'importe quel has-been.

Francis Cabrel, sur l'air de *Encore et encore* :
J'remplis mes salles à chaque soir
J'remplis toujours mes poches de dollars
J'en fais à chaque fois qu'je respire
À chaque bout de ticket qui se déchire
Et ça continue encore et encore
C'est que le début d'accord d'accord
…
Le Québec vient de tomber
Devant les chanteurs étrangers
C'est toujours les mêmes qui font la passe

Daniel Lavoie, sur l'air de *Tension attention* :
J'fais attention
À ma tension
Et c'est ça qui explique
Ma phobie
J'fais attention
À ma tension
J'ai le regard passif et engourdi

« Quand j'écris un spectacle, j'ai l'impression que les personnages m'attendent en coulisse. Je suis le maître de leur destinée, en respectant ce qu'ils sont. » Et il en a écrit, des spectacles ! Et à travers toutes ces créations, tous ces numéros, Jean-Guy a son propre *Top 5*. Voici les numéros dont il est le plus fier, dans le désordre : *Lucien Bouchard*, à l'ouverture du gala de Just For Laughs de 1995 ; *Ordinaire*, de René Lévesque, dans *Mon cher René, c'est à ton tour*, en 1977 ; *Alexis versus Séraphin*, dans *La tête des autres*, en 1983 ; *L'exorcisme de Sol*, dans *La tête des autres*, en 1983 ; et *Sol et Patof*, dans le Gala du plus bel homme, animé par Lise Payette, en 1973.

Je vous ai déjà parlé des numéros de Lucien Bouchard et de René Lévesque. *L'exorcisme de Sol* consistait à faire parler Sol tentant de se défaire de son marionnettiste Marc Favreau, et qui devenait tranquillement, subtilement, Charles Aznavour. Sur l'air de *La bohème*, Sol chante :
Je vous parle d'un temps
Qui a duré trop longtemps
Et que je ne veux plus connaître
Favreau en ce temps-là
Récoltait les hourras
Pour son Sol bien-être
Et dans l'humble garni

Qui me servait de nid
Je ne payais pas de mine
C'est là qu'on s'est connus
Moi qui criait famine
Moi le pauvre barbu
La bohème…

C'est un numéro poétique, touchant, que Jean-Guy affectionne particulièrement et qui a agréablement surpris son public lors de ses prestations.

Dix ans plus tôt, il avait imité Sol et Patof. Il faisait le numéro de côté au public, maquillé et déguisé. D'un côté, il était Sol : costume et maquillage compris. De l'autre côté, il était Patof. Si on l'avait vu de face, on aurait vu son visage bien découpé selon les maquillages respectifs des deux clowns de l'époque. C'était un numéro où Sol allait voir ce qui se tramait derrière lui, à savoir, entre autres, Patof qui vendait des mitraillettes en plastique aux enfants. Ce numéro a valu à Jean-Guy une mise en demeure de Jacques Desrosiers, Patof pour tous les téléspectateurs de Télé-Métropole, qui n'a pas apprécié le numéro qui se terminait par Sol disant : « Jamais plus je n'irai voir ce qui se passe dans mon dos alors, c'est vraiment pas très beau. » Moreau adore encore ce numéro unique : « C'était une charge écœurante ! Dans une émission écoutée par plus d'un million de personnes. » Ce numéro est en effet passé à la télévision lors du *Gala du plus bel homme*, à l'automne 1973. C'est Bissonnette, encore, qui avait recommandé à Moreau d'utiliser ce numéro pour le spécial télé de Radio-Canada, alors que Moreau avait d'abord craint de « brûler » le meilleur numéro de son nouveau spectacle solo. C'est Bissonnette qui a eu raison car, à la suite de la diffusion de l'émission, Jean-Guy a rempli la salle Port-Royal de la Place des Arts pour toutes les représentations de son premier spectacle, sans titre, en janvier 1974. Et, à titre indicatif, la mise en demeure de monsieur Desrosiers n'a pas tenu, Jean-Guy a donc pu continuer à présenter ce numéro.

Quant au numéro *Alexis versus Séraphin*, issu de son spectacle *La tête des autres*, Moreau a utilisé ces deux personnages mythiques de la télévision québécoise dans un dialogue fort inattendu. Tout ce spectacle de Moreau consistait à emmener les personnages ailleurs, dans un genre de contre-emploi. Ici, Alexis discutait avec Séraphin et l'on réalisait rapidement qu'Alexis avait une affection particulière pour Séraphin, un *kick*, quoi! Il le drague tout au long du numéro et lui offre même une pièce d'or pour l'attirer vers lui, ce à quoi Séraphin a bien de la difficulté à résister! Jean-Guy aime ce numéro «parce que j'arrivais à faire de la folie, un numéro plus éclaté. Je suis content du déroulement.»

EN VRAC

Les « autres » voix

C'est en 1972 que Moreau travaille avec Jacques Godbout pour la première fois. Le film *Ixe-13* voit le jour et
Jean-Guy y joue un petit rôle, celui du *crooner* Jean-Guy
Major, tout en faisant aussi la narration du film. Quiconque
a vu ce film culte sait que sans une voix narrative, il aurait
été ardu de se retrouver dans toute cette folie ! Monsieur
Godbout me confie ceci : « Dans le milieu du travail, les comédiens ou imitateurs, Jean-Guy est naturellement sympathique et empathique. En plus de cela, il est cultivé. Il est
disponible. J'ai été un de ses plus fervents spectateurs. […]
Il a une voix intelligente. »

Une voix intelligente… Il semble que monsieur
Godbout ait vu juste. Une voix qui comprend ce qu'on
attend d'elle. Et qui en offre même plus que ce qu'on demande ou attend. Jacques Godbout a souvent refait appel
à Jean-Guy pour des narrations dans ses documentaires à
l'ONF.

Lorsque Denise Filiatrault a eu besoin d'une voix
d'annonceur des années 1950 pour son film *Alys Robi,* elle a
tenté avec plusieurs acteurs de trouver le bon ton, la bonne
voix, le bon rythme. Personne n'a pu livrer ce que la réali-
satrice attendait. Elle a finalement fait appel à Jean-Guy et,
dès la première prise, Denise a su qu'elle avait trouvé. Le
bon ton. La voix intelligente.

Jacques Godbout a utilisé Moreau comme narrateur sur un documentaire, *L'invasion 1775... 1975*, et a été tout aussi satisfait de son travail. Selon lui, il est «très rare d'avoir une voix intelligente et sympathique en même temps, nuancée, avec toutes les couleurs imaginées ou souhaitées. Jean-Guy comprend vite, il donne bien, et ne s'impose pas néanmoins.»

En 1988, Jacques Godbout réalise un autre documentaire, sur Ernest Dufault, alias Will James, ce Québécois parti aux États-Unis sous une fausse identité pour devenir écrivain, au début du XXe siècle. Son documentaire, *Alias Will James*[7], relate la vie de ce «personnage mythique» qui a séduit le Far West américain. Jacques a besoin d'une voix qui sera celle de Will James tout au long du film. Mais quelle est donc la voix de ce personnage, qui a réellement existé, mais qu'aucun de nos contemporains n'a rencontré ni entendu? Quelle voix, quel ton lui donner? Les besoins du réalisateur sont précis: «Il fallait que ce soit la voix d'un Canadien français, d'un homme du début du XXe siècle. La voix d'un homme qui aime les chevaux, mais qui n'était pas trop "paysan" car il avait voyagé. Quand je donnais ces clés à différentes personnes, car je n'avais pas pensé à Jean-Guy au début, tout le monde comprenait, mais personne n'était capable d'avoir l'intelligence, dans la voix, [pour englober] ce que j'avais dit. Jean-Guy, ça n'a pas pris dix minutes qu'il l'avait trouvée. Je suis sûr que la qualité du film tient de son approche.»

En effet, pas facile de trouver une voix réaliste pour un personnage qu'on n'a jamais entendu. Le ton de Jean-Guy est juste, et son bilinguisme donne au narrateur une authenticité immédiate. Jacques a raison: la voix de Jean-Guy, en plus d'être juste, est très sympathique.

---

7. Ce film est disponible sur le site Internet de l'Office national du film.

Jean-Guy me parle de monsieur Godbout avec beaucoup de respect. Il aime ce qu'il fait, il admire son talent, son œil de cinéaste et d'auteur. Jacques ajoute : « J'ai toujours envié sa voix, oui. Parce que c'est une voix modulée, c'est une voix qui dit ce qu'elle veut dire, c'est une voix contrôlable. C'est une voix inimitable. Une voix inimitable de la part d'un imitateur, c'est quand même extraordinaire ! »

Moreau n'a jamais cessé de dépanner des humoristes, des producteurs, des réalisateurs, qui avaient besoin d'une voix bien précise, réelle ou fictive. En 1977, Jean Lapointe incarne Ben Legault dans le film *One Man,* de Robin Spry. Le film, tourné en anglais, est vendu dans les pays francophones. Il nécessite donc une version française. Ce serait Lapointe lui-même qui aurait suggéré aux producteurs d'appeler Moreau pour faire sa voix en français. Lapointe n'était pas disponible et Jean-Guy a doublé sa voix, sans que personne ne se rende compte du subterfuge !

Jean-Claude Lord réalise, en 1976, le film *Parlez-moi d'amour* avec Jacques Boulanger dans le premier rôle, ainsi que Benoît Girard, qui interprète un chanteur de charme quelque peu inspiré de Donald Lautrec. Girard a fort bien joué son rôle mais, malheureusement pour le réalisateur, il chantait faux. Jean-Claude a donc fait appel à Jean-Guy pour faire la voix, en postsynchro, du chanteur en pleine performance musicale.

Pour les besoins du film *Octobre,* de Pierre Falardeau, Moreau a fait quelques voix qui finalement n'ont pas été utilisées au montage final. Falardeau lui avait demandé de faire Robert Bourassa, Gaétan Montreuil, le lecteur de nouvelles, et Jérôme Choquette, alors ministre de la Justice. Le réalisateur avait besoin de leurs discours et messages qu'ont entendus à la télévision, au moment de la crise d'Octobre, les membres du FLQ. Jean-Guy doit alors faire les « vraies » voix, loin des caricatures. Bien que ces enregistrements n'aient pas été inclus dans le film, Falardeau a dit à Jean-Guy qu'il les avait utilisés pour « stimuler » les acteurs avant les scènes à tourner, pour les mettre dans le bain, dans le contexte d'alors.

Comme je l'ai mentionné plus haut, Jean-Guy a fait plusieurs voix pour des dessins animés de l'ONF. Entre autres, pour *Le chandail*, réalisé par Roch Carrier. Cette fois-ci, il s'agissait d'imiter la voix de Michel Normandin, qui était alors le commentateur des matchs de hockey à la radio. Il n'y avait aucun enregistrement, dans les archives de Radio-Canada, de Normandin commentant un match dans lequel Maurice Richard joue. Le réalisateur a donc demandé à Jean-Guy de faire la voix de Normandin pour les besoins de son film.

Jean-Guy avait déjà imité cette voix dans le film *Ixe-13* de Jacques Godbout. Normandin, personnifié par Jean-Guy, commentait alors un combat de nains... Mais pour *Le chandail*, Jean-Guy a pu varier, moduler un peu plus la voix du commentateur, qui était ici dans un contexte plus réaliste, il va sans dire !

« Toute ma vie, j'ai rempli des trous avec mes imitations. C'est moins sensationnel, mais j'ai souvent été l'imitateur de service. En studio, tu as le temps de travailler, tu peux recommencer. J'aime la complicité avec les réalisateurs. Tu ne peux travailler seul. Il faut être reçu de l'autre côté de la vitre... »

Vers l'an 2000, les studios Hanna-Barbera produisent un montage avec certains épisodes de l'émission *Les Pierrafeu*. Cette émission spéciale est envoyée partout. Au Québec, la voix du personnage de Fred Caillou était celle de

Paul Berval, et celle d'Arthur Laroche appartenait à Claude Michaud, depuis toujours. Pour diverses raisons, monsieur Michaud ne désire pas prêter de nouveau sa voix à ce personnage. Les responsables de la traduction québécoise, Cinélume, appellent Jean-Guy en catimini et lui demandent s'il peut faire la voix d'Arthur Laroche. Une cassette lui est envoyée. Il l'écoute et copie la voix que Michaud avait créée pour doubler l'originale anglophone. Tout le monde n'y a vu que du feu, c'est le cas de le dire!...

En 2002, la CBC produit une série sur Pierre Elliott Trudeau, mettant en vedette l'acteur Colm Feore, intitulée sobrement *Trudeau*. Encore une fois, on a fait appel à Moreau pour, dans ce cas-ci, faire la voix de Jean Drapeau, lors d'une conversation téléphonique avec PET. À ce moment, Jean-Guy ne peut se permettre aucune caricature. Il lui faut livrer la voix du Drapeau de l'époque, telle quelle. Ce qu'il a fait!

En 2010, les Productions Juste pour rire contactent Moreau pour le spectacle de Stéphane Rousseau. Ils ont besoin, pour un des numéros, d'une chanson de Brassens sur bande sonore. C'est Jean-Guy qui chante donc *Fernande*, en Brassens, dans le *show* de Rousseau. Parfois, un seul imitateur n'est pas suffisant!

«Les commandes spéciales, j'adore ça! dit-il. Mon talent d'imitateur sert à quelque chose...»

LES AUTRES IMITATEURS

Pour mon père, en ce qui concerne la perfection de la voix, Marc Dupré est parmi ceux qui sont «durs à battre». Un jour, on lui fait entendre son imitation de Kevin Parent, et mon père croit dur comme fer que la voix est celle de Parent, et non de Dupré. Quant à Pierre Verville, il le qualifie de «meilleur technicien de la voix». Pour Jean-Guy, Verville et Dupré font des voix parfaites, contrairement à lui qui préfère travailler sur la couleur du personnage, sur sa «teinte». Selon l'approche préconisée par Moreau, «la voix est secondaire; c'est ce qu'il y a dans la voix, comment je la fais vibrer. L'intention, la rythmique. Quand je trouve un personnage, je trouve quelque chose qui est constant.»

Pierre Verville a 14 ans lorsque Jean-Guy présente son spectacle *Mon cher René, c'est à ton tour*. Le jeune Pierre, impressionné, se rend dans la loge de Moreau et lui demande un autographe. Jean-Guy signe l'affiche du spectacle, que Pierre a gardée tout ce temps:

«C'est très important de regarder et d'observer pour comprendre, bien sûr.

Mais il y a plus à faire une fois que tu as compris.

Jean-Guy»

Verville raconte: «Les premiers imitateurs que j'ai entendus, ce sont Les Cyniques, c'est pas Jean-Guy. C'est ce qui m'a mis sur la voie de l'imitation. Une des premières apparitions que j'ai vues de Jean-Guy, c'était en anglais. Je peux pas dire c'est quoi, mais il était debout, et se changeait au complet avec un manteau réversible. Il faisait un personnage et devenait un autre avec ça. J'ai demandé à ma mère de me fabriquer ça. C'est pour ça que dans la loge, quand je l'ai vu, je lui ai fait mes imitations. À part mes trois premières imitations, tout le reste, forcément, a été très influencé par Jean-Guy. Ça m'a pris un an à comprendre ce qu'il m'a écrit sur l'affiche ce soir-là. Finalement, ça voulait dire : "Cherche ta manière à toi de faire les voix et les imitations."»

Dans les années 1980, Verville présente un numéro de dix minutes aux Lundis des Ha! Ha! Nathalie Petrowski écrit une critique de la soirée et prend le soin de préciser : « Jean-Guy Moreau peut aller se rhabiller.» Pierre n'est pas content, il est même peiné. Il appelle Jean-Guy et lui dit qu'il n'est pas d'accord avec ça. «Ça n'a rien à voir!» dit-il à son père spirituel. Moreau n'a pas vu l'article, mais apprécie sans doute le geste de Pierre. Cela lie les imitateurs, et leur amitié ne fait que grandir depuis.

Avant Jean-Guy, le métier d'imitateur était inexistant. Certaines personnes en faisaient, à la radio, dans les cabarets, mais des spectacles entiers faits uniquement d'imitations, ça n'existait pas. Jean-Guy a ouvert la voie, créé un nouveau genre. Parce qu'il a été le premier, on dirait que lorsque d'autres sont apparus, certains se sont dit qu'il était fini. Jean-Guy a engendré des dizaines d'imitateurs, dont plusieurs peuvent gagner leur vie grâce à ce métier. Moreau n'a pas perdu sa place parce qu'il y en a eu d'autres après lui, même si certains l'avaient déjà relégué aux oubliettes à l'arrivée d'André-Philippe Gagnon, par exemple. Comme si deux artistes possédant un talent similaire ne pouvaient coexister, comme s'il ne pouvait y avoir deux peintres en même temps dans la même ville. Pourtant, deux peintres peuvent se retrouver devant la même scène, et les tableaux qu'ils en feront seront forcément très différents! *Idem* pour l'imitation.

Dans les années 1980, toutefois, c'était tellement nouveau qu'on ne pouvait concevoir que vingt ans plus tard, ils seraient plusieurs, hommes et femmes, à exercer le métier d'imitateur, chacun avec un talent unique, une voix particulière. Gagnon, s'il imite aussi, et fort bien, ne le fait pas dans le style de Jean-Guy. Ni Marc Dupré, ni Michaël Rancourt, ni Claudine Mercier, ni Pierre Verville, ni Benoît Paquette. Ils ont chacun leur style, leurs messages, leurs forces.

Verville et Moreau ont souvent collaboré par la suite, dans des spéciaux télévisés, à Juste pour rire aussi, en 1983 et 1984.

«Un imitateur, les gens l'associent à l'imitation. Les gens sont incapables de nous voir autrement. Un imitateur est quelqu'un d'anonyme, qui fait des voix, qui fait des personnages. C'est le propre de l'imitateur», dit Verville. Il travaille fort ses voix. Il écoute beaucoup et longuement les personnalités qu'il désire imiter. Pour lui, tout est dans la voix. «Le corps suit. Et tu vois, le corps, j'ai pris ça de Jean-Guy. Lui, il incarne ses personnages. C'est sa plus grande influence sur moi. T'es capable de voir le gars en avant. C'est pas juste une voix, pas juste une empreinte vocale. Des fois, la voix, quand c'est pas tout à fait ça, c'est pas grave. Des fois, t'as avantage à ne pas être dessus trop trop, pour faire la caricature. C'est plus frappant. Dans *Mon cher René*, il y avait une douche [d'éclairages] au-dessus de la tête de Jean-Guy pendant qu'il parlait avec la voix de Lévesque. Après cinq minutes, tu te demandes: "C'est lui ou… c'est le vrai?" Le doute s'installe. Cette espèce d'apparition-là, moi, ça me fascinait!»

Verville fait son imitation de Luc Plamondon pour la première fois, à Victoriaville. Le numéro ne dure pas plus de dix secondes. Jean-Guy y assiste et est littéralement ébahi. Il dit à Pierre qu'il doit absolument faire quelque chose avec ça. « T'as un *winner* entre les mains », lui précise-t-il. Quelques mois plus tard, Verville présente à Juste pour rire un numéro complet de son imitation de Plamondon, et c'est un gros *hit*. « Si Jean-Guy m'avait pas dit ça, pas sûr que j'aurais fait ça. »

Bien que Jean-Guy n'ait jamais privilégié les imitations de politiciens dans ses spectacles, ses numéros sur la politique ont été marquants. Et à ce sujet, François Parenteau m'apparaît comme un des descendants de mon père, ayant opté pour la sphère politique dans ses imitations avec les Zapartistes. Les Zapartistes font des spectacles sur scène et offrent toujours au public montréalais des revues de l'année pendant le temps des fêtes. François a d'abord été repéré par le public québécois lorsqu'il a participé à *La course destination monde,* dans les années 1990. Et certains se rappelleront sa mise à pied en tant que chroniqueur de l'émission *Samedi et rien d'autre,* à la radio de Radio-Canada, en 2005.

François reconnaît n'avoir jamais assisté à un spectacle de Jean-Guy, ni travaillé avec lui. Mais, comme tous ses descendants, il le connaît, et il l'apprécie beaucoup. « Comme beaucoup d'autres, quand on commençait à faire des imitations, on imitait des imitations de Jean-Guy Moreau. Le Jean Drapeau, on l'aurait pas saisi par nous-mêmes. Mais tout le monde a été capable de faire Drapeau parce qu'il avait été décodé par Moreau. Même chose avec Chartrand, Lévesque… »

François, un peu comme Jean-Guy d'ailleurs, n'a jamais choisi d'imiter. C'est arrivé tout seul. Pour faire rire les autres, les amis, la famille. « C'est valorisant, de faire quelque chose que les gens apprécient. C'est un talent naturel. C'est un appel. J'ai le gène de l'imitateur, ça va avec une façon de pensée. Je sens une confrérie naturelle. Imiter, c'est un job d'imposteur. D'espion, presque.»

Si une grande partie des imitations de Parenteau lui est venue aisément, naturellement, il lui est arrivé d'avoir à travailler de nouvelles voix. Celle de Gilles Duceppe, par exemple. «Je me mets à le regarder, je vais répéter ce qu'il va dire en le voyant aux nouvelles, ou via le CPAC à l'Assemblée nationale. Et tu peux pas faire une imitation sans faire le physique. C'est souvent sur la scène que viennent des éléments essentiels de l'imitation. Quelque chose vient de la communication. Quand ça ressemble, quand ça évoque, le public rit. Y a des affaires que tu peux pas faire devant ton miroir.» Tout comme Moreau, Parenteau n'est pas un fervent d'extraits vidéo ou musicaux. La mémoire semble lui être suffisante, dans la majorité des cas. Lui aussi se fie à sa mémoire, à son impression.

Il y a un aspect dont Jean-Guy a souvent parlé, dont il s'est même servi dans certains numéros : la parenté entre certaines voix. Telle voix est similaire à telle autre voix, mais est très loin de telle autre. François appelle ça le chevauchement. «Quand je fais Duceppe, si je me mets un texte trop emphatique, trop lyrique, je finis par sonner comme René Lévesque.» Il n'y a donc pas que la voix, il y a le texte aussi ! Réussir à reproduire la voix est une chose, mais lui faire dire quelque chose de précis en est une autre. Du moins, pour les imitateurs pour qui le contenu est aussi important que la performance.

La pensée de Parenteau rejoint également celle de Moreau sur le concept amour-haine, dont j'ai parlé plus tôt. «C'est bien que Jean-Guy ait précisé haine, car souvent les gens vont dire que l'imitation est toujours une forme d'hommage, qu'il faut toujours aimer le personnage.

Je trouve que c'est un grand mot. Aimer est un grand mot. J'aime ça le faire haïr au monde.» Dans le cas présent, François parle de Jean Charest! «Je veux démontrer le côté haïssable de nous-mêmes, finalement. J'ai pas envie de l'encourager. Mais, veut veut pas, à force de faire [un personnage], tu finis par le comprendre. Pas nécessairement l'aimer. Mais le comprendre.»

Ici, François profite de l'occasion pour parler de l'effet Moreau sur notre perception de l'ancien maire de Montréal. Malgré ses grands accomplissements pour notre métropole et pour le Québec entier, avec l'Expo et les Jeux olympiques, Drapeau n'était pas un ange, il était même loin d'être parfait. Il n'était pas le papy charmant qu'en a fait Jean-Guy. Il était mégalo, certes, Jean-Guy l'a bien imité sur ce plan. Mais il nous l'a rendu tellement sympathique que l'imitation a dépassé la réalité. «Jean-Guy a brouillé la perspective historique qu'on a du personnage. C'est pas rien.»

Un autre beau compliment que François adresse à Jean-Guy concerne sa démarche. «Là où Jean-Guy est touchant dans son travail, c'est qu'il a parfois dépassé l'exigence, l'obligation du rire. Il y a quelque chose de poétique, d'humaniste, à utiliser les personnages et à faire jouer les émotions qu'ils suscitent. C'est une vraie démarche artistique.»

En effet, cet aspect est fort personnel à Moreau. Du moins a-t-il été le premier, ou peut-être le meilleur, à traiter l'imitation ainsi. Le but premier n'est que rarement de faire rire. Il s'agit plutôt dire des choses. Réussir une imitation est fort satisfaisant. Mais si, en même temps, Jean-Guy peut transmettre un message au public, alors il est content de son travail. Mission accomplie. On revient au contenu versus le contenant. Chacun privilégie ce qu'il préfère, et chacun sait que Moreau préfère le texte à la performance.

Bien qu'il soit aussi apte à faire des pots-pourris de voix, des enchaînements d'imitations. Les gens aiment voir le juke-box dans l'imitateur, et Jean-Guy sait le leur offrir. Mais il pousse l'exercice un peu plus loin.

Parenteau est un des rares «jeunes» qui ont vu un extrait du documentaire *Yes or No Jean-Guy Moreau?* et la performance de Moreau à Toronto, en Lévesque. «J'aurais voulu être là! Tu vis des transes des fois, en imitation. Je sais que ce qu'a vécu Jean-Guy à ce moment-là, c'est une transe, qu'il était René Lévesque et que probablement Lévesque n'aurait pas mieux dit et pas dit autre chose. J'en suis persuadé!» Il sait de quoi il parle, lui qui a vécu une telle transe lors d'une impro rimée au cégep, dans laquelle il imitait Gilles Vigneault. Les gens lui en parlent encore, de cette fois où il avait réussi à faire son impro en alexandrins. «Les imitateurs, on a quelque chose du sorcier. Je serais très curieux que Moreau liste les autres fois où ça lui est arrivé!»

Jean-Guy, si on doit parler de sa constance, a toujours quelque chose à dire. Il se sert de ses imitations pour véhiculer des messages, du contenu. Non pas qu'il se proclame gourou, non pas qu'il prétende en savoir plus ou être meilleur que les autres. Mais son originalité et son intelligence propres, son humanité, tout ça le pousse à tenter de faire bouger les choses, de faire réfléchir les gens. Il prétend que c'est parce qu'il est issu de la génération de la Révolution tranquille. Peut-être. Mais bien d'autres tenants de la révolution des années 1960 n'ont pas tenu à faire bouger les choses, n'ont pas opté pour le contenu plutôt que le contenant.

Le monde du spectacle englobe à mon avis deux univers distincts: l'art et le divertissement. Le divertissement est vital et nécessaire à quiconque vit sur notre planète. Mais l'art l'est autant, sinon plus. L'art traverse les époques, pas le divertissement. Les imitateurs, qui ont vu dans la réussite de Jean-Guy et des suivants une option viable dans laquelle investir leur talent brut, ont souvent opté pour le divertissement unique. Et ce n'est pas plus mal. De son côté, Jean-Guy Moreau l'imitateur a, la plupart du temps, fait de l'art et non du divertissement. Mais il a toujours eu le don de faire du grand art qui passait pour du divertissement! Il s'est toujours servi de ses imitations pour tenir des propos que personne n'écouterait s'il parlait en lui-même. L'entendre de la voix du politicien, du chanteur, de la personnalité imitée fait en sorte que le spectateur écoute et, idéalement, entend bien ce que l'imitateur a voulu dire.

Difficile de parler du succès de Moreau sans évoquer les auteurs qui ont travaillé avec lui au fil des décennies. Jean-Guy en a eu plusieurs et il se rappelle joyeusement son partenariat avec Paul Dignard, sur son spectacle *Yesterday, Aujourd'hui, Tout-Moreau*, en 1978. De Dignard, il dit ceci: «Il y avait tellement de place pour l'innovation et la création qu'avec lui je me sentais bien, je pouvais pousser et il m'emmenait encore plus loin. Il avait une liberté peu commune.»

On a déjà mentionné Jean-Pierre Plante et Jacqueline Barrette. Depuis les années 1990, c'est surtout avec Jacques Beaudry qu'il travaille ses textes. Ces trois auteurs ont certainement été ses principaux collaborateurs. Plante a écrit pour la télévision (plusieurs *Bye Bye, Du tac au tac, Pop Citrouille, Piment fort*) et pour beaucoup de spectacles (*Broue*, Moreau, Dupré, Lemire, les galas Juste pour rire…). Moreau et lui ont collaboré très longtemps ensemble. Jean-Guy avait trouvé en lui un bon complice d'écriture. Jacqueline Barrette a collaboré à deux spectacles: *Tabaslak!* et

Mon cher René, c'est à ton tour. Quant à Jacques, le dernier en date, il suit Jean-Guy depuis vingt ans, sinon plus! Ils se sont connus lorsque Jean-Guy a fait l'émission du matin à CJMS, à la fin des années 1980, alors que Jacques était scripteur. «Ç'a été un coup de foudre. J'aime ça un gars brillant, qui sait écrire et qui est prêt à me suivre! On a fait plusieurs spectacles ensemble.»

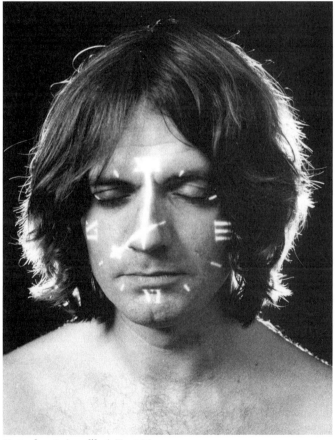

Yesterday, Aujourd'hui, Tout-Moreau.

Le travail entre Jean-Guy et son auteur est souvent le même : Jean-Guy a l'idée de départ, et l'auteur écrit des textes à partir des idées de Moreau. Jean-Guy retravaille ensuite les textes que l'auteur lui a envoyés, et ainsi de suite. C'est un travail d'équipe. Il arrive que Jean-Guy ne garde rien de ce qui a été proposé par l'auteur, et il arrive aussi qu'il garde tout ! Pas de recette magique : chaque numéro est différent, chaque époque aussi.

Si Moreau a eu plusieurs auteurs, metteurs en scène et régisseurs au cours de ses cinquante années de métier, il n'a eu que deux gérants. Frank Furtado et Ian Tremblay. Depuis la fin des années 1990, il ne fait plus appel à des professionnels, préférant se « gérer » lui-même. Mais ces deux relations professionnelles et amicales ont suivi Jean-Guy pendant quarante ans. « La première personne dans ma vie qui m'a proposé de s'occuper de moi, en janvier 1966, c'est Frank Furtado. Je viens de décider de lâcher la céramique et de me concentrer sur mon métier d'imitateur. Quand vient le temps de produire mon premier spectacle, en 1974, Frank n'est pas producteur, il est gérant. Un soir, je suis à la Casa Pedro à Montréal, et je croise Guy Latraverse. » Moreau lui explique sa situation où il lui faut trouver un producteur pour son spectacle à la salle Port-Royal. Latraverse décide d'embarquer tout de suite dans le projet. Le décor est coûteux, car Jean-Guy veut, et obtient, un plateau tournant, son fameux tourne-disque géant. Le résultat est bon, bien que les profits aient été minimes. Latraverse avait accepté par amitié pour Jean-Guy, ce que ce dernier apprécie encore à ce jour. Après ce premier *one man show*, Furtado devient aussi producteur de Moreau, tout en gérant sa carrière. C'est ensemble qu'ils ont produit *Mon cher René…* et *Manquez pas le bateau*. « Frank s'occupait toujours de mes affaires, et l'a fait jusqu'en 1982. » Comme beaucoup d'artistes, Moreau laisse Furtado s'occuper pleinement de ses finances, de ses affaires. L'artiste crée, le gérant gère. Chacun son travail. Les deux amis commencent à éprouver des difficultés à s'entendre sur la gestion, justement. Et l'amitié s'en ressent. Ils vivent ensemble des moments difficiles dans leur relation, moments qui leur appartiennent. La tournée de *Manquez pas le bateau* n'a pas été aussi concluante qu'ils l'espéraient, mais n'est pas catastrophique non plus. Aucun contrat ne les liait, sinon une entente verbale datant des années 1960, où tout se faisait à la bonne franquette, où les décisions étaient souvent prises autour de la table de la cuisine de la maison familiale! En 1982, Moreau décide alors de mettre fin à leur relation, autant professionnelle qu'amicale.

Sur la tournée de *Manquez pas le bateau*, Frank avait engagé un jeune homme qui était utilisé par toute l'équipe comme homme à tout faire : Ian Tremblay. C'est un «*gofer*» de talent, que Jean-Guy aime d'office. «Les atomes crochus dès la première minute!» En décembre 1982, Moreau prépare son nouveau *one man show, La tête des autres*. «Ian me propose de produire mon *show* à la Place des Arts. J'ai pas hésité une seconde! Tremblay ouvre un bureau, avec Robert Cadieux, et *La tête des autres* est un immense succès. J'ai aimé son côté direct, tout sur la table, *let's go* on y va.» Ce spectacle de Moreau lui a permis de former une toute nouvelle équipe, avec un nouveau producteur-gérant, un nouveau chef d'orchestre et un nouveau scripteur : Ian Tremblay, Claude Lemay (Mégo) et Jean-Pierre Plante. «Ian s'est prouvé lui-même qu'il était capable de le faire. Et un an après, Tremblay a produit Offenbach au Forum! Ian a fait ses premières armes avec moi. On est restés longtemps ensemble. Mais les temps changent.» Tremblay demeure le gérant-producteur de Moreau jusqu'à *De Félix à Desjardins*. Pendant ce temps, Ian prend la tête de BMG Music Canada et ouvre le bureau montréalais de l'entreprise. Et à la fin de la tournée *De Félix à Desjardins*, Moreau décide de s'occuper de ses affaires lui-même, son ami et gérant Ian étant appelé vers d'autres chemins.

Affiche du spectacle *La tête des autres.*

CHEZ GÉRARD EN REPRISE ET DE FÉLIX À DESJARDINS

Au début des années 1990, Claire Pelletier chante déjà comme choriste avec plusieurs chanteurs connus, dont Richard Séguin. En 1991, lorsque la Ville de Québec organise un spectacle pour remercier tous les bénévoles qui ont donné du temps lors d'événements divers dans la ville, Claire est engagée pour interpréter une chanson à la soirée au Palais Montcalm. Elle connaît Jean-Guy de réputation, aime ce qu'il fait, mais ne le connaît pas encore personnellement. Durant ce spectacle, Claire interprète *L'espion*, de Michel Pagliaro. Et c'est Jean-Guy qui se retrouve à chanter les paroles qu'on attribue à l'espion («Et tu dis...»). C'est leur première collaboration professionnelle.

Quelques mois plus tard, le téléphone sonne chez Claire: c'est Jean-Guy Moreau. Pierre Jobin, du Petit Champlain à Québec, lui a passé une commande de spectacle: faire *Chez Gérard en reprise,* un spectacle sur la vie de Gérard Thibault et des cinq boîtes à chansons qu'il a gérées. Jean-Guy précise qu'il cherche une chanteuse et non une imitatrice, afin de personnifier les voix féminines de l'époque. «L'appel de Jean-Guy ne pouvait pas mieux tomber!» dit-elle. En effet, à ce moment, Claire se cherche un peu et remet en question son rôle dans le milieu artistique. Que pourrait-elle chanter, sans tomber dans la pure chanson de

variété ? Elle ne peut donc dire non à Jean-Guy et au projet !
« Qui de mieux que Jean-Guy Moreau pour nous instruire sur tout ce qui s'est passé dans les années 1920, 1930, 1940 et 1950, avec sa mémoire incroyable ! », précise Claire, souriante.

Gérard Thibault est un personnage important du paysage culturel québécois. Il a ouvert plusieurs boîtes à chansons, dont Chez Gérard, dans le Vieux-Québec, dans les années 1950 et 1960. Tout le monde est passé par ses boîtes : Trenet, Brassens, Devos, Guimond, Vigneault, DesRochers, Reno. Il est impossible de parler de l'époque des boîtes à chansons sans mentionner monsieur Thibault. Et il est normal qu'un spectacle ait été tiré de ces années-là, de cette période où la culture québécoise a réellement vu le jour, avec tous les artistes qui ont fait leurs débuts dans ces boîtes. Et, comme le dit si bien Claire, qui de mieux que Moreau pour traiter de ces belles années qui l'ont vu naître ?

Jean-Pierre Lambert, pianiste, se joint aussi au projet. Jean-Guy le connaît par l'entremise de Pierre Verville, avec qui Lambert travaille depuis un bon moment. Moreau, Lambert et Pelletier se retrouvent donc tous les trois à monter le spectacle *Chez Gérard en reprise*. Les répétitions se font à la maison de Jean-Guy, à Brossard. Jean-Guy a son canevas, comme toujours, et implique beaucoup ses deux complices dans la création et dans l'interprétation.

Le spectacle est présenté au Petit Champlain, pour cinquante et une représentations. Pendant ce très joli spectacle, Claire personnifie Joséphine Baker, Aglaé, imite Ti-Mousse, du duo comique Ti-Gus et Ti-Mousse, et aussi La Poune. « J'ai juste des beaux souvenirs de ce spectacle ! » dit-elle. Jean-Guy, de son côté, passe aisément de Roméo Pérusse à Félix Leclerc.

Jean-Guy avec ses complices Claire Pelletier et Jean-Pierre Lambert, septembre 1994.

« J'ai beaucoup apprécié que Jean-Guy nous fasse confiance, à Jean-Pierre et moi. On était présents, on jouait, on chantait... Il y avait une magie, le fait d'être au Petit Champlain, avec monsieur Thibault présent, dans l'entrée... Pendant les duos avec Jean-Guy, je me fermais les yeux et j'avais l'impression de chanter avec le vrai ! »

Antoine naît d'ailleurs un soir où Jean-Guy joue *Chez Gérard*. Moreau part de Québec, le 12 septembre 1991, après la représentation, pour se rendre à l'hôpital Sainte-Justine, où son fils est né plus tôt ce jour-là...

Chez Gérard prend fin abruptement, à la suite de conflits légaux avec monsieur Thibault. Jean-Guy décide, pour éviter toute poursuite judiciaire, de mettre un terme à ce petit bijou de spectacle et passe rapidement à autre chose, en créant *De Félix à Desjardins,* toujours en compagnie de Claire et Jean-Pierre, mis en scène par Mouffe. Ce spectacle, comme le précédent, est écrit en collaboration avec Jacques Beaudry, et on reprend des numéros de *Chez Gérard* pour en former la première partie. La deuxième partie est écrite en entier par Jean-Guy et Jacques et porte sur la suite des choses dans le paysage musical québécois.

L'aventure *De Félix à Desjardins* dure trois ans. Encore une fois, Claire a sa place dans le spectacle. Elle interprète Céline Dion, Diane Dufresne, Les Troubadours, Louise Forestier, pendant que Jean-Guy s'occupe de Félix Leclerc, Fernand Gignac, Pierre Lalonde, Raymond Lévesque, Charlebois, Beau Dommage, et j'en passe!

On passe de décennie en décennie grâce aux belles voix qui ont marqué le Québec depuis Félix. La voix de Claire est certainement l'une des plus belles du Québec. Elle est ancrée, riche, douce et puissante en même temps. On peut remercier Jean-Guy d'avoir su reconnaître chez elle cet énorme talent!

Claire, quant à elle, est aussi très reconnaissante de ce qu'elle a appris pendant ces années de travail avec Moreau. Ne serait-ce que la mécanique de scène, qu'elle a intégrée durant les années de tournées avec les deux spectacles. Elle apprécie aussi la pertinence des propos de Jean-Guy, lors de ses imitations. «Le propos est toujours intelligent. Beaucoup d'intelligence dans ses textes, dans la manière d'amener son personnage. Il m'a dit un jour que c'est parce qu'il les aimait, ses personnages. Ça paraissait qu'il les aimait. Beaucoup de respect. Bon, pendant les répétitions, parfois un peu moins, il pouvait en pousser une plus cocasse, plus sucrée, mais fondamentalement, il aime son métier d'imitateur!»

C'est pendant les représentations de *De Félix à Desjardins* que Claire trouve enfin son parolier, en la personne de Marc Chabot. Elle compose aussi ses premières chansons, et Jean-Guy est témoin de cette naissance, de cette rencontre. Jean-Guy et Claire se lient d'amitié, amitié qui, aujourd'hui, est solide et sans limites pour les deux. «Jean-Guy est un homme qui est entier, tu ne lui fais pas de faux discours.»

Pour être entier, ça, il l'est! Jean-Guy a mille et une idées dans sa tête. Il les essaie. Il les teste. Il les fait. Il les assume. Il se trompe. Il se relève. Il recommence. Il n'y a pas de temps mort dans sa tête. Jamais. Comme il n'y a pas de temps mort lorsqu'il est sur scène.

Claire a aussi appris ça de Jean-Guy: pas de temps mort en spectacle. Ce qu'elle qualifie de mécanique de scène, elle l'utilise désormais dans ses propres spectacles de chansons.

«J'ai toujours aimé l'observer pendant qu'il montait son *set-up* en arrière-scène. Il ne le savait pas, mais je le regardais. Le soin avec lequel il montait tout ça, sa petite table, son gant placé de telle manière, son chapeau, chaque chose à sa place… Ça me fascinait de le voir faire. Si on avait le malheur de toucher à ça… Fallait pas toucher à ça! Ça fait partie du personnage! Il faut juste ne pas se laisser atteindre par ça, ne pas le prendre personnel.»

Un des grands moments dans *De Félix à Desjardins*, c'est le début de la deuxième partie. Jean-Guy fait Charlebois, et Claire incarne Forestier pour interpréter *Lindberg*. Un soir au Spectrum, Charlebois est dans la salle. Au début de la deuxième partie, les éclairages de scène sont tous feux ouverts sur le public, de façon à découper la silhouette des artistes, qu'on ne devine que par leurs formes noires. Une tête frisée gratte à la guitare les premières notes de cette très célèbre chanson, on entend les sifflements et ululements de la voix de Claire, et soudainement, sur les accords de guitare, une deuxième tête frisée apparaît et entonne avec les deux autres voix:

Des hélices: astro-jets, whisper jets, clipper jets, turbos
À propos, chus pas rendu chez Sophie
Qui a pris l'avion Saint-Esprit de Duplessis sans m'avertir

Robert est monté faire le numéro avec son vieux chum, et le public a le plaisir d'avoir un numéro inédit, deux voix de Charlebois pour le prix d'une! Et tout le monde, moi comprise, est incapable de dire lequel est le vrai. La perruque de Jean-Guy est identique à la chevelure de Robert, et les deux hommes ont à peu près la même taille! Et la voix, la voix... C'est son plus vieil ami, son plus vieux complice. La voix de Robert est une seconde voix chez Jean-Guy. C'est troublant. Pour Claire, c'est un cadeau de carrière, rien de moins. «Quel beau moment, et quel beau flash que Jean-Guy a eu!»

Le spectacle a été capté pour la télévision, a été diffusé aux *Beaux-Dimanches* de Radio-Canada et a été vu par 750 000 personnes ce soir-là. Ce qui a relancé la tournée. Les trois comparses de scène l'ont terminée en passant l'été au lac Delage, offrant cinq représentations par semaine dans ce théâtre d'été.

LA VRAIE VOIX DE MOREAU

Moreau a touché à tous les aspects possibles de son métier d'artiste. Il dit rarement non à un projet. Et plus le projet est nouveau, inédit, plus Jean-Guy voudra le faire, voudra essayer. La peur est parfois bien présente, mais elle ne bloque rien. Elle pourrait même être un élan, un catalyseur qui le pousse à expérimenter des choses inattendues.

C'est en 2001 que Moreau participe au Cabaret des refrains. Monique Giroux, animatrice à la radio de Radio-Canada, offre à son public des soirées-spectacles enregistrées au Cabaret Juste pour rire et tirées de son émission *Les refrains d'abord*. Chacune de ces soirées, intitulées Le cabaret des refrains, est donnée en l'honneur d'un grand chanteur, et des invités spéciaux viennent interpréter ses chansons les plus connues. De Brassens à Ferré, en passant par Dassin.

Monique est la première à avoir réussi à faire chanter Jean-Guy avec sa propre voix. Son oreille radiophonique lui avait fait déceler la beauté de la voix de Jean-Guy Moreau, l'homme, et non celle de l'imitateur. Elle confie : « J'ai toujours été assez fascinée par les imitateurs. Je pense qu'on ne peut pas être autrement que réservé pour faire ça. S'il avait eu un besoin très grand de s'étaler, s'il avait eu un ego surdimensionné, je ne sais pas s'il aurait pu… Mais en même temps, ça lui en prend un, ego. Mais à travers les autres ! C'est très particulier comme phénomène. Quelle oreille et quel sens d'observation! Pour être aussi attentif aux autres, il ne faut pas être plein de soi. Sinon, il n'y a pas de place pour les autres.» Giroux, qui connaît Moreau depuis son enfance, son père étant un grand admirateur, a décidé de pousser plus loin l'imitateur. «Je disais à Jean-Guy: "T'as passé ta vie derrière la voix de tes personnages. Mais ta voix à toi?" J'étais fasciné par la voix parlée de Jean-Guy, aussi. Pour moi, la voix est encore plus traître que les yeux pour dévoiler ce qui est dans le fond des êtres.» Convaincre Jean-Guy n'a pas été aisé. «Ça n'a pas été trop compliqué, parce qu'il avait compris l'intention, le côté ludique. Mais ç'a pas été simple. Il n'a pas dit oui du premier coup.» En effet, Moreau doutait de l'intérêt pour les auditeurs d'entendre sa voix qu'il jugeait alors quelque peu inintéressante. «Je peux comprendre. Certains acteurs ont aussi été réticents. Parce qu'il n'y a plus de masques, il n'y a plus de cabotinage possible.» Monique Giroux a choisi ce métier dans le monde de la radio pour voir, pour découvrir le vrai visage des gens, leur vraie couleur. Elle utilise ses entrevues, ses spectacles pour sonder l'âme des personnalités invitées à son micro. «C'était ça pour Jean-Guy aussi, c'était qui la vraie personne?»

Pour la toute première fois, le public québécois du Cabaret et les auditeurs de Radio-Canada ont pu entendre chanter la vraie voix de Moreau. C'était la soirée Georges Brassens, qui plus est! Il était mal à l'aise, nerveux. Peut-être doutait-il de sa capacité à garder sa propre voix, à ne pas tomber dans la voix de Brassens, celle qu'il fait depuis si longtemps. Monique se souvient d'un regard échangé avec Jean-Guy, quelques secondes avant que Moreau prenne le micro et entame une chanson à son tour. «Un regard qui disait: "Es-tu sûre qu'il faut que je le fasse?"» Mais il l'a fait. Et il l'a bien fait. «Je trouve qu'il a une voix très très touchante. Forcément une voix sensible, parce que fragile.»

Et six ans plus tard, Moreau a réalisé son premier disque de chansons! Merci, Monique, d'avoir donné le coup d'envoi! «Ça prenait un déclencheur», conclut Monique.

Lorsque Jean-Guy a appris, en 1998, à maîtriser le traitement de texte pour son cours à l'université, il a commencé à écrire des textes, des nouvelles. À écrire des chansons. Il en a écrit plusieurs. Puis, avec Daniel Mercure, il les a mises en musique. C'est d'ailleurs avec Mercure qu'il a «appris» à chanter en lui-même. Mercure, qui a accompagné les grands de notre monde musical, a dû *coacher* Moreau pour trouver le bon ton, la bonne voix, sa voix. Il lui en est très reconnaissant. Jean-Guy a enregistré huit chansons et en a fait un disque en 2007, intitulé *Comme personne,* qu'il a produit lui-même et qu'il vend lors des représentations de son spectacle éponyme.

Une de ses chansons raconte l'histoire de son frère Jacques, mort à l'âge de 3 mois. Une chanson triste, jolie, touchante, intitulée simplement *Jacques.* Ma composition préférée est *Un jour, je serai un océan.* Jean-Guy s'accompagne lui-même à la guitare, très sobrement.

Coule mon lac
Coule ma rivière
Glisse mon âme vers l'estuaire

Coule mon lac
Coule ma rivière
Chante mon cœur jusqu'à la mer…

Une autre de ses chansons, rigolote, a été écrite pour son fils et s'intitule *Antoine.*

Antoine, mon fils
Tu combles ma vie
Ma vie d'artiste, de père et d'ami
Antoine, mon fou

Tu t'éloignes du ciel
Quand t'oublies de faire tes devoirs et que tu fais suer
ton père, c'est l'enfer !

Impossible de ne pas mentionner « la toune à Clémence », comme l'appelle toujours Jean-Guy, *À cœur ouvert,* chanson qu'il a composée en pensant à la grande Clémence DesRochers. Marie-Michèle Desrosiers l'a même reprise et interprétée pour la production d'un DVD spécial en l'honneur de Clémence. Et cette chanson, Jean-Guy l'interprétera dans le spectacle *Il était une fois... la boîte à chansons,* dont nous parlerons plus loin, et la terminera en compagnie de ses complices de scène : Pierre Létourneau, Claude Gauthier et Pierre Calvé. Beau moment du spectacle ! Un hommage en bonne et due forme ! Cette chanson est importante pour Jean-Guy, tout autant que l'est la femme !

Elle a gardé les yeux et la voix de l'enfance
Sa fraîcheur et son innocence
Elle traverse la vie, ses joies, ses turbulences
À cœur ouvert, la Clémence, à cœur ouvert

Pour terminer ce disque, Jean-Guy a enregistré notre berceuse, *Chaque soir est un beau soir.* Je ne l'avais pas réentendue de la voix de mon père depuis ma petite enfance.

Jean-Guy a surmonté ses peurs de chanter avec sa propre voix. Parce qu'il a écrit des paroles personnelles, touchantes. Parce qu'il a essayé quelque chose de nouveau pour lui, en chantant sans se cacher derrière une voix autre que la sienne.

LA SANTÉ

L'entourage de Moreau a été habitué depuis 1985 aux problèmes de santé de Jean-Guy. Il n'est pas un malade constant, loin de là, mais il a vécu quelques périodes dans sa vie où sa santé semblait défaillante, incertaine.

En 2001, quelques jours avant Noël, nous apprenons que Jean-Guy est entré aux soins intensifs, inconscient, à la suite d'une hémorragie interne, et que c'est Antoine, alors âgé de 10 ans, qui l'a sauvé en appelant l'ambulance juste à temps. Lors de notre arrivée à l'hôpital, les médecins ne savent pas encore s'il va s'en sortir : il est relié à un respirateur artificiel. Allongé sur son lit d'hôpital, il est branché, sous les néons, un tube immense dans la bouche. La machine respire pour lui et fait un bruit d'enfer. Jean-Guy est livide. Et enflé. Et inconscient. En le voyant, je vois la mort. Je vois la fin. Je vois le vide. Sachez que ce qu'on voit à la télé ou dans les films, lorsqu'une personne est sous respirateur, ne ressemble en rien à la réalité. Le respirateur, la machine, fait le travail à la place du patient, de telle sorte que le corps, à chaque respiration, se gonfle, se cabre et se soulève pour mieux redescendre après. Tout a l'air artificiel. On constate alors que la personne alitée n'est pas apte à faire ce qu'on fait habituellement si aisément, respirer. Une horreur...

Toute la famille est là, dans la chambre. Véronique a été une des premières à arriver, pour accompagner Antoine qui vient de vivre tout un choc. Les médecins prennent ma sœur à part dès son arrivée et lui demandent si elle sait ce que Jean-Guy souhaiterait qu'on fasse de ses organes si jamais… Ça commence bien. Véronique tente d'être là pour Antoine qui, du haut de ses 10 ans, a peur. Encore plus que nous, sans doute. C'est lui qui a appelé le 911. C'est lui qui a vu le sang dans l'appartement de son père. C'est lui qui a vu son papa inconscient, à terre.

Dans la salle d'attente, nous apprenons que Jean-Guy a fait une hémorragie interne causée par une rupture de l'œsophage, elle-même attribuable à un ulcère. Le sang perdu l'a affaibli. Les machines de l'hôpital devraient le remettre sur pied, en théorie. Rien n'est certain. Si Antoine avait attendu, ne serait-ce que dix minutes supplémentaires, avant de composer le 911, rien n'aurait pu être fait pour le sauver.

Le lendemain, je réalise que je dois me rendre chez mon père pour voir s'il a des engagements professionnels à annuler. Jean-Guy n'a plus d'agent ou de gérant depuis Ian Tremblay, il fait tout lui-même. Je veux aussi trouver les numéros de téléphone de ses bons amis, qui doivent apprendre la nouvelle par nous, et non par les médias. Mon meilleur ami m'accompagne, car ma sœur se sent incapable de mettre le pied dans l'appartement. Quand je rentre chez Jean-Guy, j'ai l'impression d'être sur une scène de crime, comme dans l'émission *CSI*. Il y a du sang partout. Outre la vision de mon père inconscient branché au respirateur, la vue de ce sang restera gravée dans ma mémoire comme une autre vision d'horreur. Je range tout avec mon ami, les serviettes, les draps, les couvertures, les oreillers, l'édredon, les vêtements tachés de sang. Imbibés de sang. Souillés, juste bons à jeter. Trois grands sacs verts sont remplis. Je contacte le lendemain matin une compagnie de nettoyage. Les tapis, les divans, le matelas, même les murs sont tachés.

Sur ces derniers, il y a quelques-unes de ses affiches de spectacle ainsi que des photos. Un inconnu qui y entre peut donc rapidement comprendre qu'il est chez Jean-Guy Moreau. Je dois demander au type de la compagnie de nettoyage de ne pas divulguer qu'il se trouve chez un artiste connu. Jusqu'ici, les médias n'ont pas été mis au courant de l'hospitalisation et de l'état grave dans lequel se trouve Jean-Guy. Je ne veux pas avoir à m'occuper des journalistes, quelques jours avant Noël. Ma famille et moi en avons assez sur les bras. Le monsieur me promet que ces événements demeureront confidentiels, il est extrêmement poli, avenant et discret. Il en aura pour des heures à tout nettoyer. Il m'explique aussi que le sang risque de ne pas partir complètement, du moins, pas partout. Cela fait quand même deux jours qu'il imprègne les meubles et les tapis… En effet, tout n'est pas parti, mais cet homme a fait un sacré boulot et, surtout, a tenu promesse quant à sa discrétion. Merci beaucoup, monsieur.

Le 23 décembre, deux jours seulement après le début de ce cauchemar, nous apprenons que Jean-Guy va s'en tirer. Un vrai survivant! Nous avons notre propre miracle de Noël. Le 24 décembre, Jean-Guy se retrouve entouré de ses trois enfants, de son frère, de sa belle-sœur, dans sa chambre d'hôpital, avec un tout petit sapin de Noël acheté à la pharmacie! Il est assis dans son lit, son visage a repris des couleurs, il sourit! Et nous sourions tous de le voir ainsi, vivant et joyeux.

Jean-Guy a échappé à la mort. De justesse, encore une fois. Je me dis parfois que mon père a neuf vies, comme les chats! Par ailleurs, Jean-Guy est discret quant à sa santé. Il est aussi très réservé, et préfère vivre ces moments seul, sans inquiéter ses enfants, qui craignent toutefois d'apprendre de mauvaises nouvelles par les médias, ce qui est déjà arrivé.

Un jour, en 2005, je suis chez ma mère et je travaille à l'ordinateur lorsque le téléphone sonne. Je réponds pour entendre la voix d'une amie de la famille, qui me demande sur un ton inquiet :

— Sophie, c'est Louise. Comment va ton père ?

— Bien, je pense. Pourquoi ?

— Je viens d'entendre à la radio qu'il était à l'hôpital à cause de son cœur. Je l'ai entendu à l'émission d'Érick Rémy.

Mon propre cœur se met à battre rapidement. Mon pire cauchemar : apprendre par les médias quelque chose de grave concernant mon père. Mais je me dis qu'il doit y avoir erreur. Mon père m'aurait appelée ! Je lui téléphone donc tout de suite, je laisse un message sur son répondeur.

En effet, Jean-Guy est à l'hôpital. On lui installe un stimulateur cardiaque parce qu'il fait de l'arythmie et a de l'eau sur les poumons. Le cœur est fatigué. Mais cette petite machine fait en sorte que le cœur travaille moins et performe mieux. C'est une opération simple et rapide.

Il rentre ensuite à la maison, avec cette petite machine qui régularise les battements de son cœur. Tout va bien.

En 2006, Jean-Guy néglige ses médicaments, se sentant bien, ne ressentant pas le besoin de les prendre. « Ça, c'est ce qui arrive quand on devient son propre médecin. » Il passe son été aux Îles-de-la-Madeleine, comme à son habitude. Mais il a de la difficulté à marcher, et il rentre à Montréal par avion médical. On lui fait passer de nouveaux tests. Quelques petits blocages sont visibles (sur d'autres artères que celles ayant reçu des pontages en 1985). Les médecins règlent rapidement le problème et constatent que les pontages vieux d'une vingtaine d'années sont encore en très bon état. C'est comme si l'opération avait eu lieu la veille. Jean-Guy explique cela par la prise — presque — constante de médicaments.

Lorsque, en 2007, mon père m'invite aux Îles-de-la-Madeleine avec lui pour une semaine, il m'avertit : « Je viens de me faire poser un défibrillateur-*pacemaker*. » Rebattements rapides de mon cœur, en attente de la suite. « Si mon cœur ne pompe pas assez ou arrête de battre, la machine le repart. Ça me donne un choc, je tombe inconscient, mais trente secondes après, je vais bien. Donc, si ça m'arrive, ne fais rien, attends, ça va passer. Pas la peine d'appeler une ambulance, vu que j'ai la machine intégrée en moi. » Il ajoute, presque fièrement : « Je ne peux plus mourir maintenant ! »

Je suis loin de prendre tout ça à la légère. Jean-Guy a un rapport à son corps plutôt rationnel. Aller à l'hôpital, pour lui, est l'équivalent d'apporter sa voiture au garage. Il nous dit tout le temps : « Je sors du garage. » À ces moments, on doit comprendre qu'il sort de l'hôpital. Une pièce était défectueuse, et il est passé au garage pour la faire réparer.

Le défibrillateur demande une vérification tous les trois mois, et le stimulateur cardiaque, tous les six mois.

« La bonne nouvelle, c'est que la dernière fois [à l'hiver 2010], les tests ont révélé que le cœur a gagné 4 à 5 % de performance. » Avant qu'on intègre ces machines au corps de Jean-Guy, son cœur ne fonctionnait qu'à 50 % de sa capacité. « Je suis très optimiste face à ça. J'ai très confiance dans le système. Je me sens rassuré, je m'inquiète pas avec ça. »

Jean-Guy nous fait battre le cœur encore une fois en octobre 2010. Il a passé son 67e anniversaire à l'hôpital, pour une fracture de la hanche. Il a fait une bête chute, et sa hanche a cédé. Il a dû être opéré pour qu'on puisse installer une plaque de métal à l'endroit où l'os s'est brisé, au col du fémur. Bien sûr, il nous a contactées, Véronique et moi, une fois l'opération terminée ! Alors que nous devions célébrer son anniversaire lors d'un bon souper chez lui, nous avons plutôt dû nous rendre à l'Hôtel-Dieu (c'est réellement son hôtel !) avec cadeaux et petits gâteaux, pour passer du temps en sa compagnie. En ce 29 octobre, nous revoilà à cet endroit que nous commençons à connaître un peu trop bien !

Lorsque nous lui demandons si nous pouvons lui apporter quelque chose de chez lui, Jean-Guy secoue la tête doucement : « C'est quand on est ici qu'on réalise qu'on n'a pas besoin de grand-chose, dans la vie », dit-il. Nous lui apportons tout de même quelques bandes dessinées et le dernier disque de Robert, son grand chum, qu'il écoute sur mon iPod… Il est satisfait, il écoute la musique et est impressionné par la qualité de la dernière œuvre de Charlebois. Il prétend que Robert le surprend encore et toujours, malgré leurs décennies d'amitié.

Mais moi, c'est mon père Jean-Guy qui me surprend toujours ! Il est d'un stoïcisme incroyable lorsqu'il se retrouve alité. Calme, serein. Il ne se plaint pas. Véronique lui a apporté l'encyclopédie de l'anatomie du corps humain, et le voilà ravi de pouvoir faire des recherches pour mieux comprendre ce qui a rompu en lui. Il aime comprendre, il aime savoir. Il ne rechigne pas, même s'il ne peut bouger comme il le souhaiterait. Et il ne tarit pas d'éloges, encore une fois, sur le travail des infirmières et des bénévoles de cet hôpital.

L'AMITIÉ

Les amis de Jean-Guy sont principalement des amies. Il aime les femmes, amies ou amantes. Il apprécie leur compagnie. Et elles le lui rendent bien.

Hélène Schneider a connu Jean-Guy l'année de la naissance de Véronique, en 1972. Ils se sont rencontrés à une fête pour l'anniversaire de Robert Charlebois, fête qui s'est tenue dans un chalet. Si le soir même, ils n'ont pas beaucoup échangé, le lendemain matin, ils se sont retrouvés tous les deux au déjeuner alors que tout le monde dormait encore. La complicité a été immédiate ! Hélène se rappelle surtout les éclats de rire qu'ils ont partagés.

Quelques années plus tard, au début des années 1980, Hélène et Jean-Guy, tous deux célibataires, se disent que ce pourrait être sympa d'être ensemble. Hélène élève seule ses deux enfants. Une belle période s'amorce alors pour nous tous. Tout le temps que Véronique et moi passons avec notre père, nous le passons donc aussi avec Hélène et ses enfants. C'est vraiment merveilleux. Hélène est costumière et confectionne des costumes de théâtre, de cinéma, de télé. Elle exerce d'ailleurs toujours ce métier aujourd'hui. Elle a fait les costumes pour quelques-uns des spectacles de Jean-Guy. Son atelier est chez elle, et c'est à cet endroit qu'elle nous apprend, à ma sœur et moi, à coudre. Les fêtes sont courantes, Halloween est sans contredit l'apothéose pour nous, les enfants ! Que demander de mieux, en ces occasions, que d'avoir une costumière professionnelle à sa disposition! La fête des Rois, le 6 janvier, est aussi une tradition pour nous tous. Je me rappelle principalement les rires, les sourires, les discussions, les échanges, les jeux, le patinage. Je vois que mon père est bien, heureux. Pour citer Hélène, c'étaient des années ludiques! Ce que Jean-Guy recherche le plus dans une relation, de quelque ordre qu'elle soit, c'est de l'espace. Hélène dit qu'ils sont comme en *time-out* lorsqu'ils sont ensemble. Pas besoin d'accomplir des performances. Pas besoin d'expliquer. «On est des amis sans limites», me confie-t-elle.

Sans limites et sans frontières, les deux amis partent ensemble dans le Sud. En 1980, Jean-Guy décide d'emmener son amie Hélène au Club Med de République dominicaine. Ils ont tous deux besoin de vacances et de repos. Jean-Guy se rappelle ce bon moment: «On avait un vol jusqu'au nord, mais pas jusqu'à Punta Cana. Fallait prendre l'autobus, qui mettait entre six et neuf heures pour se rendre. Moi, j'avais beaucoup d'argent à ce moment-là, j'ai décidé de louer un petit avion, un Cessna. Il y avait une piste à côté du Club Med, mais elle ne servait pas encore. Le trajet a duré une heure environ. On n'avait pas le droit d'atterrir sur la piste, on a atterri à côté, dans le gazon. Et là, ça faisait pas une minute qu'on était arrivés, on a aperçu des soldats de l'armée avec des carabines! On a appris qu'ils surveillaient les abords du Club Med. Les soldats parlaient espagnol, évidemment, et un peu anglais. On leur a expliqué qu'on allait au Club Med. Les soldats ont accepté de nous escorter, et ont même porté une partie de nos valises! On était dans une mini brousse, avec des collines à traverser. Ils nous ont emmenés jusqu'aux abords du Club Med, à la clôture, et on est arrivés à pied, par la plage. On est arrivés comme ça au Club Med. Mais on est rentrés par autobus!»

Si leur relation de couple n'a duré que deux années, leur amitié perdure encore à ce jour. C'est chez Hélène et son conjoint que nous avons célébré le 65ᵉ anniversaire de mon père, avec toujours autant de plaisir.

Côté travail, Hélène reconnaît que Jean-Guy sait ce qu'il veut. Elle le trouve très connecté sur sa réalité artistique. Elle lui trouve «l'intelligence de l'instant». «Des fois, il imite des amis. Même s'il n'a pas encore le physique, parce qu'il ne l'a pas travaillé, il a toute l'intention. C'est un grand, grand, grand humoriste. Pas juste un imitateur. Parce qu'il va se servir de l'outil "imitation", il va passer son message avec un humour parfois très caustique. Mais ça va passer parce qu'il fait l'imitation avec un petit côté clown. Des fois, c'est très cru. Mais il est assez intelligent pour le travailler suffisamment. Ce qu'il veut dire n'est pas du tout dévié, le message est très clair. C'est ce que j'aime le plus chez lui. Ce qui est important dans le travail de Jean-Guy, c'est le message.»

Comme il arrive souvent dans la vie, les amis sont issus de nos lieux de travail. Une autre bonne amie de Jean-Guy ne fait pas exception à la règle.

«J'ai rencontré Jean-Guy sur une base de travail. On était tous les jours ensemble à devoir faire des scènes. Et c'était vraiment, mais vraiment très drôle», raconte Danielle Ouimet.

Elle a joué le rôle de l'épouse de Jean-Guy dans le film *Y a toujours moyen de moyenner,* en 1973. C'est à ce moment qu'ils se sont connus.

Jean-Guy m'a parfois parlé de Danielle, toujours en bien, avec beaucoup de respect dans la voix. Et tout le respect qu'il a pour elle, Danielle le lui rend au centuple! Elle ne tarit pas d'éloges sur Jean-Guy. S'ils ne se voient plus régulièrement, ils reprennent toujours la discussion où ils l'ont laissée, ce qui constitue la preuve indéniable d'une grande amitié.

Jean-Guy et Danielle Ouimet, dans une scène du film.
© Daniel Kieffer

Danielle me raconte le soir de la première de leur film, qui avait lieu à la Place des Arts. « Il y a eu un scandale où on a arrêté mon chum chez moi, pour trafic de drogue. C'était environ un an avant, mais le procès commençait alors, et la presse s'en donnait à cœur joie et m'accusait de toutes sortes de choses. C'était dramatique parce que cela correspondait à la première du film. » Danielle décide de ne pas aller à la première, mais plutôt de se rendre à la réception, pour éviter que l'attention des journalistes ne soit concentrée que sur le procès de son ancien conjoint. La réception se tient dans un restaurant, fermé au public pour l'occasion. Elle voit alors se pointer un journaliste. Danielle, avertissant Jean-Guy, va se réfugier dans les toilettes pour attendre que le journaliste en question quitte les lieux. Jean-Guy lui promet de divertir cette personne le temps nécessaire. Danielle cherche les toilettes, mais ne les trouve pas. En ouvrant une porte qu'elle croit être la bonne, elle trébuche et tombe dans l'escalier qui mène au sous-sol. « J'ai déboulé les marches l'une après l'autre, j'avais la joue traversée par un morceau de bois. Je ne voulais pas que ça se sache dans les journaux. Quelqu'un qui a entendu la chute est venu me chercher et Jean-Guy a dit tout de suite : "Je l'amène à l'hôpital." Je l'ai trouvé très gentil, parce que c'était quand même sa soirée.» Jean-Guy reste avec Danielle à l'hôpital jusqu'à son retour à la maison. Il la raccompagne, lui donne ses cachets pour dormir, et lui dit qu'il restera jusqu'au lendemain, pour la ramener à l'hôpital où l'on doit lui faire des points de suture. «Il avait été extraordinaire. Du jour au lendemain, je me retrouvais avec quelqu'un qui me protégeait à 100 %. Ça m'a beaucoup rapprochée de lui. Jean-Guy était très attentif. C'était un poète, un gars très près des sentiments. Tu pouvais lui raconter n'importe quoi, mais ce qui l'intéressait, c'était la nature humaine. À partir de là, on est devenus très copains.»

«Je l'ai toujours vu aider les gens, être attentif à tout le monde. Ça faisait partie de sa nature profonde.»

Danielle lui rend la pareille quelques années plus tard, alors que la santé de Jean-Guy est quelque peu défaillante et qu'il part se reposer dans un chalet à Dunham où elle l'accompagne, l'appuie et le soutient à son tour.

Les deux amis parlent beaucoup du métier lorsqu'ils se voient. Jean-Guy teste auprès d'elle des numéros, des voix, comme il le fait avec plusieurs amis. «Il était très curieux de savoir ce que les gens pensaient et comment on percevait son humour. Il adorait faire ça.»

Jean-Guy aime écrire, comme je l'ai déjà mentionné. Il a écrit plusieurs lettres à Danielle, qui conserve tout chez elle, encore à ce jour. Voici la reproduction d'une lettre qu'a reçue Danielle en 1975 :

«Chère Danielle,

En cette journée d'anniversaire et pour tes 28 ans, j'aimerais pouvoir te donner le plus beau cadeau qui soit. C'est un cadeau qui embellit une âme déjà belle, un cadeau qui rajeunit un visage déjà beau, un cadeau qui assagit des yeux qui voient de plus en plus clair, un cadeau que tu possèdes déjà et qui s'écrit en un mot : la conscience.

Jean-Guy »

Pour les besoins de la biographie, je n'ai pu rencontrer toutes les femmes de la vie de Jean-Guy. Le travail aurait été trop long ! Blague à part, il s'entoure encore et toujours de femmes assez spectaculaires, fort sympathiques, qui, bien qu'elles admirent Jean-Guy, le voient tel qu'il est, avec ses défauts et ses qualités, et le prennent comme il est. Et c'est ce que l'on peut espérer de mieux de la part d'un ami.

EN DIRECTION DU CHEMIN DE DAMAS

À partir du milieu des années 1990, et pendant au moins dix ans, le public s'est souvent demandé ce que Moreau devenait. Ce qu'il faisait. En effet, Jean-Guy a été bien moins présent sur la scène publique pendant dix ou quinze ans. Il a fait des spectacles dans le cadre de congrès, et il a gagné sa vie ainsi. Jean-Guy a toujours offert, dans ce domaine, des spectacles à contenu variable. C'est-à-dire que s'il participe au congrès du syndicat des infirmières du Québec, le contenu de son spectacle le reflétera. Il choisira ses imitations en réfléchissant aux gens à qui s'adressera ce spectacle. Il écrira des textes adaptés au public et au contexte socioéconomique et politique du moment. Il a toujours aimé les commandes spéciales, et les congrès lui offrent cette opportunité de renouveler son matériel, d'aborder des sujets qui pourraient ne pas plaire au grand public, mais qui s'avèrent plus qu'appropriés lors de ces événements privés. « Les corporatifs, les fonctions privées, j'en faisais treize à la douzaine par année. C'est plus payant que faire une semaine au Petit Champlain ou un soir à la Place des Arts. Tu n'as aucun frais de production, tu travailles sur mesure, c'est très agréable, car tu fréquentes des milieux que tu ne soupçonnais pas. Quand il m'arrive encore d'en faire, c'est toujours un grand plaisir, de faire des textes sur mesure. » Moreau apprécie ces fonctions qui lui permettent d'entrer dans le vif du sujet, sur lesquelles il

225

se renseigne toujours abondamment. « Je fais une recherche avec les responsables de l'événement pour m'informer, je reviens avec beaucoup de matériel. Ça fait mouche. C'est une partie de mon métier que j'ai aimé faire, avec beaucoup d'entrain. »

Il faut aussi le reconnaître : aucun artiste, aucun humain, ne peut être au sommet tout au long de sa vie. Moreau a cinquante années de travail artistique derrière lui. Et d'autres à venir ! Mais il ne peut être toujours le meilleur, le plus grand, et il ne peut pas être le seul ! S'il a ouvert la voie à d'autres imitateurs, il fallait aussi qu'il cède le trône. L'humour a évolué au fil des décennies, les demandes du public aussi. Il y a plus qu'un seul imitateur au Québec. Et les personnages publics imités ont aussi changé. Si tout le monde s'est mis à imiter Vigneault, Lalonde, Drapeau, Lévesque, comme Jean-Guy les a d'abord imités, qu'en est-il des nouveaux visages apparus entre-temps sur la scène publique ?! À 60 ans, difficile d'imiter, avec un minimum de crédibilité, un jeune artiste ou politicien de 25 ans. Et c'est non seulement une question de crédibilité, c'est aussi et avant tout une question de volonté, d'envie, d'intérêt.

Moreau a connu des années creuses. De dures années. S'il n'a jamais cherché à faire la une des journaux à potins, il a tout de même toujours voulu faire des spectacles. Mais cela n'a pas toujours été possible. Et il ne faut pas oublier qu'il y a l'artiste, mais qu'il y a aussi l'homme derrière l'artiste. L'humain, qui, comme tout le monde, a des moments de mélancolie, de tristesse, qui vit des difficultés financières, des séparations amoureuses, des problèmes familiaux, etc. Tout le monde frappe un mur, à un moment ou à un autre. Jean-Guy n'y a pas échappé. S'il a été moins présent de la scène artistique publique pendant plusieurs années, c'est qu'il était occupé à reconstruire son mur.

Lorsque Véronique évoque son expérience de travail avec lui sur son spectacle *Comme personne,* elle souligne qu'il n'avait pas d'ego. Il a écrit ce spectacle alors qu'il était au plus bas. Il n'était pas remonté sur scène pour donner un spectacle solo depuis des années. Il aurait pu s'asseoir sur ses lauriers, acquis dans les années 1970 et 1980, il aurait pu être amer face aux succès des humoristes montants. Il a plutôt décidé de se retrousser les manches et d'écrire un nouveau spectacle. Il n'a plus besoin de faire le théâtre Maisonneuve de la Place des Arts. Il l'a fait ! Il a juste envie de faire ce qu'il aime faire : des imitations pour parler de sujets qui lui plaisent.

Jean-Guy a donc connu des années difficiles, loin du regard public. Mais il les a surmontées. Il les a traversées. Et il en est certainement sorti plus grand. Plus humain. Plus doux. Et plus humble. Il a une humilité que possèdent rarement les artistes. Et ce dur labeur abattu pendant qu'il se trouvait loin des feux de la rampe l'a mené directement vers son chemin de Damas...

Jusqu'en 2007, Jean-Guy a parlé de lui-même comme d'un artisan. Jamais comme d'un artiste. Il est arrivé à l'imitation par hasard. Grâce à des amis qui l'y ont poussé. Grâce à des circonstances favorables. Jamais par choix. Jamais par vocation. Il se voyait peindre, faire de la poterie. Créer de ses mains, et non de sa voix. Mais les années 1960 l'ont propulsé dans le métier, dans le milieu. A-t-il ressenti le syndrome de l'imposteur ? Peut-être un peu, oui.

À l'été 2007, Jean-Guy accorde une entrevue à Stéphan Bureau, dans le cadre de l'émission *Les grandes entrevues.* Tandis que Stéphan le fait revenir en arrière pour souligner les grands moments de sa carrière, Dominique Michel se pointe sur la scène. Jean-Guy est époustouflé, ému. Dodo qui vient pour lui ! Dodo ! *Of all people !* Il se voit considéré comme un artiste par une des plus grandes artistes que le Québec a connues. « Elle m'importe, cette dame ! Elle est importante dans ma vie. Ce jour-là, je l'ai regardée, et ç'a allumé quelque chose en moi. » Lorsque Jean-Guy rentre à la maison après cette entrevue avec Bureau, il repense à Dodo. « Dans le plaisir de la retrouver, de la voir aussi proche comme quarante ans avant à l'Expo, tous les jours, c'est là que ç'a déclenché une réflexion chez moi. Dodo a encore la même voix, la même *drive*, elle est authentique, elle est merveilleuse ! Je suis en pâmoison. C'est dans l'auto, entre la Place des Arts et chez moi que j'y ai repensé. Pourquoi Dodo est si bonne ? Parce qu'elle est connectée, parce qu'elle n'est pas éparpillée comme moi. Je veux pas me comparer à elle, sauf que, au niveau de sa façon d'aborder le métier et ma façon à moi, je me sens vraiment en dehors. Ça faisait mon affaire d'être en dehors. Mais à partir de ce moment-là, ça me tentait plus d'être en dehors. » Dès cet instant, cette fraction de seconde où la réflexion fait son chemin en lui, il est réellement un artiste, dans sa tête et dans son cœur ! Il parle de ce jour-là comme de son chemin de Damas. Et comme quiconque ayant vécu un tel moment, il vit un réel retournement de situation : sa conception du travail change. Il travaille mieux depuis, différemment. Il assume son rôle d'artiste. Il reste paresseux, il le reconnaît, mais travaillant, malgré le fait que cela puisse paraître contradictoire. « Je me suis fusionné avec moi-même. Avant, je me protégeais. Ça me bouffait trop. J'avais trouvé ce moyen pratique, je me disais que je n'étais pas un artiste. C'était un accident. Je le faisais bien quand je le faisais, mais j'étais paresseux. Et le paresseux est prêt à travailler plus pour ne pas se faire dire quoi faire. Mais depuis ce temps-là, depuis 2007, je travaille mieux. J'ai plus d'énergie pour faire ce que j'ai à faire. »

Que Jean-Guy ait eu besoin de la reconnaissance de Dodo pour enfin se proclamer artiste, soit. Merci, Dodo !

Mais vous et moi savons depuis longtemps que Moreau est un artiste, un grand. Peut-être que ses origines familiales l'avaient bloqué jusqu'à ce jour. Peut-être que la mort prématurée de son père (qui n'a donc jamais vu quel grand artiste était en fait son fils) avait empêché Jean-Guy d'aller dans ce sens, d'affirmer l'artiste en lui. Ou peut-être est-ce parce que l'idée de faire des imitations, au début, ne venait pas de lui mais de son entourage. Jean-Guy est un grand anxieux, comme bien des artistes. Peut-être l'anxiété est-elle nécessaire à l'expression artistique. C'est parfois par insatisfaction (sociale, personnelle, familiale, économique, politique) que l'on crée. Pour changer les choses. Pour revendiquer une autre manière de faire, de penser, de dire. Celui qui a tout ce qu'il veut dans la vie ne ressent pas ce besoin de créer autre chose. N'a pas cet élan d'expression artistique.

Cette hésitation à se percevoir lui-même comme un artiste explique peut-être également le fait que Jean-Guy n'a pas tenté de percer d'autres marchés que le marché québécois. Bilingue, il aurait pu tenter de faire carrière a Canada et aux États-Unis. La France aurait pu être une voie intéressante pour lui. Jean-Guy dit souvent qu'il n'est pas ambitieux. Il ne ressent pas ce besoin de réussite, de succès. Facile, me diront certains, quand on a eu et la réussite et le succès. En effet. Les années 1970 et 1980 lui ont donné ce que plusieurs cherchent toute leur vie. Mais il ne l'a pas fait par ambition, il l'a fait par envie toute simple de faire son métier d'artisan.

S'il n'a pas percé d'autres marchés que celui du Québec, le *timing* y a aussi été pour quelque chose. Son opération à cœur ouvert de 1985 a contrecarré quelques plans. Il aurait alors animé les galas Juste pour rire avec Michel Drucker qui, à l'époque surtout, était une référence pour qui voulait tenter sa chance dans l'Hexagone. Jean-Guy a quand même été invité deux fois à son émission, *Les Champs-Élysées*. Mais pour percer en France, il faut y vivre et y consacrer tout son temps. Jean-Guy n'a pas ressenti l'envie de mettre son énergie à cet endroit. Il a plutôt continué son chemin, ici, au Québec.

Robert Charlebois dit qu'il aurait fallu une femme pour le pousser, pour le canaliser, pour l'encadrer. Possible, en effet. Je sais que Robert n'aurait pas été le Charlebois qu'on connaît et qu'on aime sans sa femme Laurence. Elle l'a soutenu et épaulé pour l'aider à devenir ce qu'il est. Et elle continue de le faire à ce jour. Jean-Guy n'a pas vécu de relation amoureuse aussi longue ni aussi stable. Ne dit-on pas que derrière chaque grand homme se cache une femme ? Et l'amour ne donne-t-il pas des ailes ? Mais encore faut-il que la femme reste assez longtemps et que l'amour dure un peu !

Si Jean-Guy avait assumé l'artiste en lui dès le départ, qui sait où cela l'aurait mené. Mais malgré cela, il a eu une belle carrière, avec ses hauts et ses bas. Jean-Guy Moreau a fait ce qu'il avait envie de faire, au moment où il a eu envie de le faire. C'est un accomplissement remarquable.

IL ÉTAIT UNE FOIS... LA BOÎTE À CHANSONS

Monter un spectacle sur l'époque de la boîte à chansons de 1960, avec les artistes originaux qui ont fait ses beaux jours, c'est l'idée extraordinaire de Robert Charlebois!

Un jour, Charlebois participe à un spectacle de la Saint-Jean-Baptiste à Longueuil, où Pierre Calvé est présent. Robert, content de le revoir, lui demande des nouvelles « des gars » (c'est-à-dire Claude Gauthier, Pierre Létourneau, Moreau). Il a alors la surprise d'apprendre qu'ils se revoient tous régulièrement. En effet, Jean-Guy passe toujours ses réveillons du jour de l'An chez Gauthier, à son chalet. Il revoit aussi Létourneau, avec qui il a collaboré pour le livre *À tort et à travers* en 2004. En fait, toutes les occasions sont bonnes pour que les vieux copains se retrouvent à discuter, manger, pêcher, jouer de la musique... Robert a envie, lui aussi, de retrouver les gens avec qui tout a commencé.

Un peu plus tard, Claude Gauthier rencontre Charlebois pour les besoins d'une chanson, *Mon fils et moi*. L'idée du spectacle a alors déjà germé dans la tête de Robert. Au début, il pense aussi à Renée Claude, pour qu'une femme complète la distribution. Mais la santé de celle-ci ne lui permet pas de se joindre à l'équipe. Gauthier, Calvé et Létourneau se retrouvent chez Charlebois pour parler du projet. « Le nom de Jean-Guy est venu tout de suite. On peut pas faire ça sans Jean-Guy. Parce que Jean-Guy a fait son université dans les boîtes à chansons. Ça s'est imposé tout de suite. Alors on s'est retrouvés à faire quelques déjeuners ici, à parler de tout ça. Tout s'est mis en place.» Robert est clair avec tous ces artistes : pas de place pour l'ego ! Tout le monde est là pour le *show*. Pour Jean-Guy, après dix minutes de discussion, le choix est facile : il décide d'embarquer ! Les gars ne se font pas de fausses idées. S'ils font vingt ou vingt-cinq représentations, ils seront heureux et satisfaits… Pour accompagner nos routiers, Charlebois a choisi deux grands musiciens québécois : Michel Donato à la contrebasse et Michel Robidoux à la guitare. De plus, Jérome Charlebois, jeune auteur-compositeur-interprète (et filleul de Jean-Guy !), offre ses propres compositions en ouverture du spectacle et rejoint ses prédécesseurs pour quelques chansons.

La première partie du spectacle comporte les incontournables des chanteurs présents, du *Maurice Richard* de Létourneau au *Grand six pieds* de Gauthier, sans oublier *Veracruz* de Calvé. Jean-Guy imite les absents : Trenet, Mouloudji, Béart, Brel, Dubois, Ferland, Lelièvre, etc. La deuxième partie, elle, offre au public les nouvelles chansons de chacun.

Pour Robert, il n'y a pas de doutes, malgré les quelques commentaires négatifs qu'il a pu entendre avant la première représentation de ce spectacle : «La nostalgie, c'est quand tu viens au monde ! À partir du moment où tu viens au monde, t'es nostalgique ! Regarde Arcade Fire, ils ont 20 ans et ils racontent dans leurs chansons des événements de quand ils étaient petits. Tricot Machine, c'est la nostalgie de *Passe-Partout*. Mes Aïeux, c'est la nostalgie du XVIIIe siècle. Aznavour, à 30 ans, chantait la nostalgie de sa jeunesse avec *La bohème*. Toutes les grandes chansons de Ferré, de Bécaud, c'est toujours de la nostalgie, même quand elles étaient neuves. Je dis que, à partir du moment où on est sentimental, on est nostalgique.» Jean-Guy surenchérit : « C'est la boucle de cinquante ans de métier, ce spectacle-là. Le spectacle est sympathique. Il n'y a aucune prétention autre que de faire revivre des chansons comme on les chantait à l'époque. »

Robert et Jean-Guy passent beaucoup de temps à l'élaboration des numéros de ce dernier : Lévesque, Angélil, son tour de chant des absents. Ils y intègrent aussi la chanson personnelle de Jean-Guy, la « toune à Clémence », *À cœur ouvert*, qu'il a écrite et chante de sa propre voix, pour rendre hommage à cette grande dame du spectacle. Jean-Guy revient sur cet aspect de la personnalité de Robert qui l'a poussé à faire des imitations cinquante ans plus tôt, et qui est toujours présent au fil de cette mise en scène : « Encore aujourd'hui, il s'emballe comme un jeune de 15 ans ! À ce niveau-là, Robert n'a pas changé. »

« Ça se peut pas que le patrimoine, tout ce qui a été nos catacombes, ça se peut pas que tous les gens qui ont aimé La Butte à Mathieu aient pas envie de revivre ça une fois ! » Pour Robert, ce n'est pas une question de nostalgie, du moins pas dans le sens où l'entendent les journalistes qui ont pu décrier ce projet au départ. Jean-Guy, quant à lui, revendique cette émotion : « On a le droit d'être nostalgique de ces années-là, qui nous ont vus naître ! »

Cinquante ans après avoir cogné à la porte des Calvé, Gauthier et Létourneau pour connaître leurs accords de guitare, Moreau se retrouve à jouer sur scène avec eux, dans un spectacle mis en scène par Charlebois. « Ils ont deux cents ans d'expérience à eux quatre ! » de dire Robert. En général, Jean-Guy fait des spectacles issus de ses propres idées. Outre pour les pièces de théâtre, les films et les émissions de télé, s'il monte sur une scène, c'est à la suite d'une idée qu'il a eue. Mais, dans ce cas-ci, il a su faire une exception. « Je me suis laissé convaincre par Robert, par sa nature de gars qui y croit d'avance, il est persuadé et c'est très communicatif. L'idée était bonne, fallait pas se casser la gueule, mais le *timing* était bon. Le public entre automatiquement dès le départ du *show*.»

Le public, puisqu'on en parle, est heureux. Enchanté. Envoûté. Le silence, la qualité d'écoute du public sont remarquables. C'est une communion, un moment de grande intimité que les artistes partagent avec leur public. Jean-Guy en est très heureux. «Les gens viennent nous dire combien ils ont aimé parce qu'ils ont revécu un morceau de leur vie.» Les salles sont pleines depuis le début, des supplémentaires sont ajoutées dans plusieurs villes. Jusqu'en juillet 2011, cent vingt représentations ont eu lieu. «Eux, c'est comme quatre Beatles. Si y en a un qui est malade, y a pas de *show*. Tout se tient.» Pour Robert, ce qui fait le succès du spectacle, «c'est la collectivité. L'ensemble est plus important que les composantes. C'est cette collectivité qui donne le frisson. Y a une espèce de fraternité, vraie, sentie et vécue. Et c'est ce qui touche les gens. Faut qu'ils fassent attention à leur santé, les gars, là!»

Jérome Charlebois, Pierre Calvé, Moreau, Claude Gauthier et Pierre Létourneau entonnant *Maurince Richard*. © Laurence Charlebois

La tournée du spectacle *Il était une fois... la boîte à chansons* avait prévu deux représentations à Montréal, à la mi-novembre 2010, peu après la fracture de hanche de Moreau. Jean-Guy aurait été prêt à y participer, en fauteuil roulant, laissant tomber sa guitare. Robert et lui avaient même préparé un petit numéro spécial pour l'occasion. Mais c'est la santé de Claude Gauthier qui a entraîné l'annulation des deux spectacles, celui-ci devant à son tour de faire opérer pour des pontages. Les représentations annulées ont été reprises en avril 2011, et d'autres spectacles suivent, maintenant que tout le monde se tient sur ses pattes et est apte à la performance!

LES FANTÔMES

Qu'a fait Jean-Guy Moreau dernièrement ? Où en est-il, justement, après cinquante années de métier ? Eh bien, il s'est mis à jour ! En février 2011, il a fait des capsules hebdomadaires sur l'actualité, sur un site Internet. Le vieux routier a opté pour cette nouvelle plate-forme formidable. « J'aimais vraiment ça faire ça, j'étais prêt à faire ça. Je me sentais pas obligé, je me sentais dedans, tout simplement. »

À l'été 2010, Gilles Quenneville (le frère de Claude, le journaliste sportif) contacte Jean-Guy pendant ses vacances annuelles aux Îles-de-la-Madeleine. Il a cette idée de faire des capsules où Jean-Guy imiterait les personnages publics, morts ou vivants, pour commenter l'actualité. Jean-Guy aime l'idée, lui qui dévore de toute façon les journaux et les bulletins de nouvelles pour se tenir au courant de tout. « Je suis quelqu'un qui réfléchit, parce que je suis un miroir… » Sacré papa !

Au départ, Quenneville voulait des capsules quotidiennes, mais Jean-Guy et lui ont fait le compromis de capsules hebdomadaires. Pierre Verville était dans la ligne de mire de Jean-Guy, comme complice pour ces capsules. Mais Pierre étant fort occupé avec la radio et la télé de façon quotidienne, Jean-Guy a trouvé en la personne de Benoit Paquette un collaborateur à la hauteur de ses attentes. Il avait déjà fait des congrès avec Benoit et avait apprécié son talent. Il s'est aussi allié avec trois auteurs de l'École nationale de l'humour pour l'écriture des capsules, que Jean-Guy supervisait en tant que script-éditeur. Il s'agit de Mikaël Archambault, de Philip Rodrigue et de Benoit Normand. Il a grandement apprécié le travail, la collaboration avec ces jeunes auteurs. «C'est la chose la plus importante. Si tu travailles avec des gens et qu'ils veulent t'amener ailleurs, tu veux pas travailler avec eux. Tu veux qu'ils abondent dans tes flashs à toi. Eux, ils m'ont vraiment suivi. On a écrit des petits bijoux ensemble.»

Il avait mis cartes sur table avec les auteurs : aucune vulgarité, aucun coup en bas de la ceinture. L'équipe se rencontrait les vendredis pour discuter et choisir cinq thèmes et cinq personnages. Comment les sujets abordés étaient-ils choisis ? «On essaie d'aller trouver le trop-plein du monde, là où ça déborde, le "j'pus capable". C'est là-dessus que je veux faire des numéros. On identifie les affaires qui écœurent. Faut pas juste y aller au premier degré. Faut fouiller. L'allégorie, la métaphore, j'ai toujours aimé ça. C'est pas parce que je veux parler de Jean Charest que je dois imiter Jean Charest.» À ce sujet, Jean-Guy a plutôt imité Richard Desjardins et sa chanson *Le bon gars* pour parler de notre premier ministre.

Chaque semaine, Jean-Guy a fait appel à de nombreuses ressources journalistiques afin de se nourrir, de s'inspirer pour ses capsules. Les télés francophones et anglophones, les journaux, les radios, les sites Internet, tout contribue à son inspiration. «Beaucoup de télévision, pour trouver là où le bât blesse cette semaine. Des fois, il y a des choses qui ne font pas la une des journaux, mais c'est là. Par exemple, des enfants qui poursuivent en cour leurs parents qui refusent de payer leur université.»

Quenneville a lancé son propre site, www.lesfantomes. tv, et les capsules ont aussi été diffusées par Canoë, sur le site canoe.tv. Pendant dix semaines, toute l'équipe a travaillé de façon bénévole. L'argent sur le Web n'est pas toujours au rendez-vous et, cette fois-ci, il a carrément tiré sa révérence ! En effet, après moins de trois mois de production, une mésentente entre Les fantômes et Canoë a mis fin à cette belle idée. Toute l'équipe a donc travaillé d'arrache-pied et personne n'a vu la couleur de l'argent. Jean-Guy a été fort attristé de la fin de ce projet qu'il aimait particulièrement et qui le stimulait quotidiennement.

Au moment où ce livre sera imprimé, Moreau fera une autre incursion dans le monde de l'Internet. Cette fois-ci, c'est un projet pour une série de fiction de treize épisodes intitulée *Manigances,* diffusée sur le Web, qui lui a été proposée, et Jean-Guy doit jouer le premier rôle, aux côtés de Maxim Martin. Cette série policière sera diffusée à l'hiver 2012 sur le site de kebweb.tv.

LE MÉTIER, LA VIE, EN GÉNÉRAL

« Mon métier m'a tout appris. Mon amour de la chanson et de la poésie m'a tout appris sur la vie. Mon métier m'a appris tout le reste. C'est comme voyager. J'ai voyagé dans mon métier, comme mon frère a fait le tour du monde. Moi, j'ai fait le tour du monde en jouant des rôles, en jouant des personnages, en essayant quelque chose de nouveau. Étant de cette école des années 1960, je suis prêt à tout essayer. Je crois de plus en plus que je peux tout faire, mais à ma façon. Je peux pas toujours faire comme les autres le souhaiteraient, c'est pour ça que j'ai gardé mon métier, mon art d'imitateur, parce que j'ai le contrôle total. J'écris les textes, les numéros. »

Je n'ai jamais entendu Jean-Guy parler de son plan de match. Je l'ai entendu parler d'idées pour son prochain spectacle, ou pour ses prochains spectacles. Il se projette rarement plus loin que ça dans l'avenir. Mais des idées, Moreau en a cent à la douzaine. « J'ai vécu à mesure. Pas de plan de carrière. J'ai jamais eu de plan et je n'en ai toujours pas. C'est à peu près pour la prochaine année que j'en ai. Si ça marche pas, je fais autre chose. J'ai pas juste une idée, heureusement. » Moreau a fait tant de choses, tant de projets différents, de tant de manières différentes. « Depuis les années 1980, je me suis simplifié la vie. J'étais tellement insécure avant ! Et quand t'es insécure, tu mets le paquet autour parce que tu travailles pour la galerie. Mais il faut toujours travailler pour le parterre!» Et malgré les moments difficiles du point de vue financier, Moreau réitère: «Je ne suis pas pauvre parce que je me sens riche! Je ne fais pas des jeux de mots, je me sens riche! Parce que j'ai mes enfants. Ç'a été important que mes enfants soient là.»

Une autre richesse importante pour Jean-Guy, et il nous l'a répété des milliers de fois alors que nous grandissions, ce sont les voyages. «Les voyages forment la jeunesse», aimait-il dire à ses enfants. Et les voyages forment aussi la vieillesse! Dès qu'il en a été capable, Moreau a voyagé. Et aujourd'hui, à 67 ans, il fait le constat suivant: «Je me suis aperçu que 80 % de mes voyages étaient sur des îles. Montréal, Îles-de-la-Madeleine, toutes les îles du Saint-Laurent, Santa Catalina, les îles des Caraïbes (sauf Cuba), l'Angleterre, l'île de la Cité de Paris, des îles grecques, l'Islande, l'île d'Elbe… J'aime les îles, et j'aime les insulaires. Ils ont quelque chose de plus que les gens du continent. Les îles, c'est comme monter à bord d'un bateau. Sur une île, on est au centre du monde. C'est un *feeling* qu'il faut avoir connu pour avoir envie de le renouveler.» Jean-Guy part aux Îles-de-la-Madeleine aussi souvent que possible, idéalement pour ses vacances estivales. Comme il s'y rend depuis 1970, Moreau est connu et apprécié par les Madelinots, qu'il aime et respecte en retour, avec qui il continue de tisser des liens. Et pour y avoir été à trois reprises avec lui, sur ses îles, je ne peux que confirmer ce qu'il dit: «Le meilleur moi-même que je connaisse, c'est celui qui débarque aux Îles. Je suis tellement bien que je me demande ce que je fais en ville…»

En cinquante ans de métier, Jean-Guy Moreau nous a offert douze spectacles solo, quatre longs-métrages, quatre pièces de théâtre, cinq émissions de radio, des revues de spectacles, des spéciaux télévisés, des publicités, des animations de festivals, et je dois en oublier. Pour un homme qui n'a ni la prétention ni l'ambition habituelles des artistes, c'est déjà beaucoup! N'oublions pas qu'il a aussi pris le temps de faire trois enfants, de tomber amoureux à maintes reprises et de découvrir le monde au cours de ses voyages!

«Tu fournis le bateau, j'arrive! Parce que c'est une île, un bateau. Une île flottante.»

Il serait très facile d'écrire un deuxième tome sur la vie de Jean-Guy Moreau. À chacune de mes rencontres avec lui, que ce soit pour les besoins de ce livre ou pour des réunions familiales, j'apprends autre chose sur lui, sur sa carrière. Des souvenirs qui lui reviennent en parlant, des moments et des gens qu'il avait oubliés avec le temps. Mais comme il le dit si bien, « ce qu'on laisse comme souvenirs aux autres, c'est tout ce qui compte. 90 % de notre vie a été à fabriquer le 10 % dont on se souvient. »

Je ne peux que souhaiter à Jean-Guy une belle continuité pour son incroyable carrière ! Comme il se doit, je lui laisse le mot de la fin :

« J'ai toujours le goût de dire des choses, de dénoncer des choses, de remettre en question, parce que je suis de l'école des années 1960, des contestataires, des gens qui ne sont jamais contents. Je suis jamais content, mais je suis heureux comme ça ! C'est-à-dire que je suis constamment heureux, en n'étant jamais content ! »

ANNEXE

Vous trouverez ici le curriculum vitæ détaillé de la carrière de Jean-Guy. Puisque je n'ai pas parlé de tout, ni mis ses œuvres en ordre de création, vous aurez ainsi accès à une chronologie très complète ainsi qu'à une liste exhaustive de ses collaborateurs.

1965

Mes amis les Chansonniers?, disque
Yéyés vs Chansonniers, revue humoristique présentée au Totem et à La Butte à Mathieu
Textes et performances : Jean-Guy Moreau, Robert Charlebois et Mouffe

1966

Émission de radio hebdomadaire sur les ondes de CBF 690 (Radio-Canada, Montréal)
Coanimation, textes et programmation musicale : Jean-Guy Moreau, en collaboration avec Robert Charlebois

1967

Revue Katimavik Revue, spectacle musical bilingue présenté au pavillon canadien de Terre des Hommes (Expo 67) (156 représentations)

Avec Paul Berval, Dominique
Michel et Denise Filiatrault
Terre des Bums, revue humoristique écrite
en collaboration et jouée avec Robert
Charlebois et Mouffe, présentée à La Butte
à Mathieu et à La Boîte à Clémence
Disque tiré du spectacle, sur
étiquette Phonodisque

Tournée de spectacles dans le cadre du centenaire
de la Confédération du Canada, en Ontario
Avec Renée Claude et Claude Gauthier
Direction musicale : François Dompierre

1968

Peuple à genoux!, revue humoristique du temps
des fêtes, présentée au Théâtre de Quat'Sous
Création collective, avec Robert Charlebois,
Mouffe, Louise Latraverse et Yvon Deschamps

1969

Tsordaffaires, disque
Étiquette Trans-Canada

Alouette, je t'y plumeray!, disque
Étiquette Trans-Canada
Arrangements : François Dompierre

1970

Début comme comédien. Tournée québécoise
avec Les Comédiens Associés.
Par le trou de la serrure (What the Butler Saw),
pièce de théâtre présentée en tournée au Québec
Compagnie : Les Comédiens Associés

Texte : Joe Orton
Mise en scène : Yvan Canuel

IXE-13, film
Rôle de composition
Réalisation : Jacques Godbout

Les Montréalais, émission de télévision
bilingue diffusée sur la chaîne anglophone
de Radio-Canada, CBMT
Coanimation avec Clémence DesRochers

Oh ! Gerry Oh !, pièce de théâtre
présentée à la Place des Arts
Texte : Jacqueline Barrette
Avec Guy Godin
Mise en scène : Jean-Pierre Ménard

Entre 1972 et 1983
Doublage de nombreux dessins animés (ONF)

1973
Y a toujours moyen de moyenner, film
Premier rôle, aux côtés de Danielle Ouimet,
Dominique Michel, Yvan Ducharme
et Willie Lamothe
Réalisation : Denis Héroux

1974
Premier spectacle solo, présenté à la Place des Arts
Production : Guy Latraverse

1975

Tabaslak!, spectacle
Texte : Jacqueline Barrette
Disque double tiré du spectacle,
sur étiquette Presqu'île
Direction musicale : Gaston Rochon

1977

Mon cher René, c'est à ton tour!, spectacle
D'après une idée originale de Jacqueline Barrette
Texte : Jean-Guy Moreau, en collaboration
avec Jacqueline Barrette et Mark Bradley
Direction musicale : Marcel Rousseau
Disque double tiré du spectacle,
sur étiquette Presqu'île
Tournée québécoise

1978

Mon cher René, c'est à ton tour!, spectacle adapté
pour un spécial télévisé diffusé à Radio-Canada,
dans le cadre de l'émission *Les Beaux Dimanches*
Réalisation : Pierre Desjardins

Super Dimanche, émission de télé mensuelle
Animateur-scripteur
Réalisation : Jacques Méthé
Production : KébecFilms

1978-1979

Yesterday, Aujourd'hui, Tout-Moreau, spectacle
Idéation et textes : Jean-Guy Moreau, en
collaboration avec Paul Dignard et Colette
Marcil. Adaptation pour la télévision et
diffusion sur la chaîne Télé-Métropole

Production : KébecFilms
Direction musicale : Marcel Rousseau

1979

Vie d'ange, film
Rôle de composition
Réalisation : Pierre Harel

1979-80

Connaissez-vous la Voie lactée?, pièce
présentée au Théâtre du Nouveau
Monde, puis en tournée en région
Texte : Karl Wittlinger (adaptation
québécoise : Denis Chouinard)
Avec Jacques Thisdale
Mise en scène : Olivier Reichenbach

1979

Manquez pas le bateau!, spectacle
(en tournée en 1980)
Idéation et texte : Jean-Guy Moreau, en collaboration
avec Pierre Huet pour les textes des chansons
Claviers : Mégo (Claude Lemay)
Arrangements et direction
musicale : Marcel Rousseau

1981

Scapino, pièce de théâtre présentée
au Trident (Québec)
Rôle de Scapin
Texte : Laurent Caillcton (adapté des
Fourberies de Scapin de Molière)
Mise en scène : Guillermo de Andrea

Station Soleil, émission présentée à Radio-Québec
Animation : Jean-Guy Moreau, pendant
quatre semaines durant l'été

1982-1983

La tête des autres, spectacle solo présenté
à la Place des Arts et en tournée
Idéation et textes : Jean-Guy Moreau, en
collaboration avec Jean-Pierre Plante,
André Dubois et Claude Meunier
Claviers et arrangements : Mégo (Claude Lemay)

1983

Premier gala du Festival Juste pour rire
Animateur-présentateur, en
coanimation avec Serge Grenier

1984

Galas du Festival Juste pour rire (4 spectacles)
Coanimation avec l'imitateur français Thierry Le
Luron

1986–1987

Chasseur de têtes, spectacle solo présenté
à la Place des Arts et en tournée
Idéation et textes : Jean-Guy Moreau, en
collaboration avec Jean-Pierre Plante
Mise en scène : Jean Bissonnette
Claviers : Mégo (Claude Lemay)

1987

Le Million tout-puissant, film
documentaire et de fiction
Rôle de l'enquêteur

Réalisation : Michel Moreau
Production : ONF

1988
Galas du Festival Juste pour rire (5 spectacles)
Coanimation avec l'imitateur français Patrick Sébastien

1975-1989
Bye Bye, émissions spéciales de fin
d'année présentées à Radio-Canada
Jean-Guy Moreau participe à plusieurs
en tant qu'imitateur et comédien

1989
Tête à têtes, documentaire sur la
carrière de Jean-Guy Moreau
Réalisation : Pierre Brochu
Production : Poly Productions

1990
Chez Gérard en reprise, spectacle créé au Théâtre
Petit Champlain à Québec (51 représentations)
Avec Claire Pelletier et Jean-Pierre Lambert
Création, idéation et mise en scène : Jean-
Guy Moreau, en collaboration avec
Jacques Beaudry pour les textes

1991
De Félix à Desjardins, spectacle présenté en
tournée durant 2 ans (256 représentations)
Idée originale et textes : Jean-Guy Moreau,
en collaboration avec Jacques Beaudry
Avec Claire Pelletier et Jean-Pierre Lambert

Mise en scène : Mouffe
Disque tiré du spectacle, sur étiquette Firma

1993

De Félix à Desjardins, émission de télévision
tirée du spectacle, diffusée à Radio-Canada

1995-2011

Participation à des congrès, colloques et
événements spéciaux, en tant qu'animateur-
présentateur et humoriste invité.
Textes (sur mesure) : Jean-Guy Moreau

1995–1996

Menu à la carte, spectacle présenté en tournée

1998-99

Le chum à Céline, spectacle solo
Idéation et textes : Jean-Guy Moreau

1999

Parution, en vidéo, du spectacle
Chasseur de têtes (1986)
Réalisation : Pierre Brochu
Production : Poly Productions

2002

Tournée estivale au Québec (ROSEQ)

2003

Série de spectacles à la salle Wendell, Cap-aux-
Meules,
Îles-de-la-Madeleine

2004
Divers congrès, colloques, et
campagnes publicitaires radio

Mai 2004
Co-porte-parole du Festival Western de Dégelis

2005-2006
Jean-Guy Moreau comme personne, spectacle
présenté à la Place des Arts et en tournée

2011
Les Fantômes
Site Internet offrant des capsules
hebdomadaires sur l'actualité

PRIX ET RÉCOMPENSES

En 1987, le spectacle *Chasseur de têtes*
vaut à Jean-Guy un Félix, celui du
spectacle d'humour de l'année.

À l'été 2001, Jean-Guy Moreau est intronisé au
Temple international de la renommée de l'humour
du Musée Juste pour rire, lors d'un gala du Festival.

Au printemps 2006, Jean-Guy reçoit la
médaille de l'Ordre du Canada.

www.jean-guymoreau.com

REMERCIEMENTS

Ce livre n'aurait pu se faire sans l'accord de mon père, évidemment ! Je n'avais pas l'intention de faire une biographie non autorisée ! Je n'aurais pu l'écrire sans sa confiance, car je lui ai demandé de me laisser carte blanche. Je n'écrivais pas pour lui, mais sur lui. Nuance. Je le remercie pour toutes ses confidences. Je le connais mieux, et j'en suis fort heureuse !

Je remercie tous ceux qui ont accepté de se livrer à moi, de me faire part de leurs connaissances, de leurs expériences avec mon paternel : Andy Nulman, Claire Pelletier, Danielle Ouimet, François Dompierre, François Parenteau, Frank Furtado, George Bowser, Hélène Schneider, Jacques Godbout, Monique Giroux, Nicole Richard, Pierre Létourneau, Pierre Verville, Robert Charlebois, Suzanne Deniger, Véronique Moreau, Yves Moreau.

Merci aux éditions Michel Brûlé, qui ont eu confiance en moi si rapidement que j'en ai été époustouflée. À Marie-Noëlle Gagnon, particulièrement, pour sa patience, sa vision et son talent.

Je tiens aussi à remercier ma grande amie, Thanh Nguyen, ma lectrice fidèle au poste, pour son temps précieux, ses commentaires savoureux et sa pertinence éternelle.

Et je termine en disant mille mercis à mon amoureux, Ghislain, qui a su me donner l'idée de départ, m'inciter à le faire, et m'encourager lorsque j'ai commencé à écrire. Il a été mon premier lecteur, celui qui n'a jamais hésité à me pousser à aller plus loin. Sa complicité et son soutien ont fait toute la différence.

BIO GAZ
ÉNERGIE

PERMANENT

Transcontinental
IMPRESSION
IMPRIMERIE GAGNÉ